La méthodologie en droit et l'art du juriste

Avertissement

Il s'agit bien d'une esquisse méthodologique de la recherche juridique, reflétant l'art du juriste, de la 1ère année au doctorat, pour partager les enseignements des maîtres et des études pertinentes sur la question. Ainsi, nous avons tenu à les citer, le plus souvent, dans notre texte. Aussi, nous, nous employons le « nous » égoïste qui, dit Thierno Bokar d'Amadou Hampâté BA, ne s'applique qu'à celui qui parle et à ceux qui l'entourent ; il vaudrait mieux utiliser le « nous » inclusif, car lui, il englobe tout le monde. Thierno Bokar s'adressait à Maabal, le tisserand, non moins grand poète, cf. Amadou Hampâté BA, *Oui mon commandant*, Actes Sud, 1994, p. 465.

SAMBA THIAM

La méthodologie en droit et l'art du juriste

L'Harmattan
Sénégal

10 VDN, Sicap Amitié 3, Lotissement Cité Police, DAKAR

http://www.harmattansenegal.com
senharmattan@gmail.com
senlibrairie@gmail.com

ISBN : 978-2-343-23105-1
ISBN : 9782343231051

A nos élèves et étudiants handicapés très souvent oubliés dans le système de l'éducation nationale, y compris quand on élève un édifice.

PRÉFACE

L'art de la préface n'est pas la « tasse de thé » préférée de l'auteur de ces lignes et encore moins lorsqu'il s'agit d'un manuel de conseils aux étudiants qui – à plus d'un titre – s'aventure à donner quelques conseils aux collègues. Mais les souvenirs que j'ai du professeur Thiam, alors qu'il n'était qu'étudiant et qui sont devenus estime lorsque nous sommes devenus collègues m'ont convaincu... de n'être que le spectateur attentif du travail très utile qu'il livre aujourd'hui et de l'effort qu'il fait pour en simplifier les approches. Pour moi, si je ne l'ai jamais fait par écrit, c'est qu'au cours d'une longue carrière « touche-à-tout », j'ai pu mesurer combien le temps faisait son œuvre et que c'est à la parole – toujours adaptable à chacun – qu'il fallait confier le rôle principal. Bien qu'en 2020, l'étudiant « idéal-type » des années 1960 se soit un peu effacé et que le travail des professeurs ait un peu changé, de sorte que l'écrit en ce domaine a gagné beaucoup de place, j'ai pu me convaincre que la tâche d'enseigner était faite d'adaptations constantes à prendre en compte, en même temps qu'elle se devait « d'instituere », c'est-à-dire d'inculquer des choses qui « durent » et pour cela « convaincre en permanence par la voix et l'exemple ». Cela, le professeur Thiam le sait depuis qu'il s'est enthousiasmé – au sein de sa faculté – pour une discipline toute nouvelle à Dakar, en voie permanente d'acclimatation, et qui tire son efficacité des forces contraires qui la partagent entre des historiens – souvent néophytes en droit – et des juristes – aux connaissances historiques sélectives en histoire. L'écartèlement est tel – et aggravé encore par les matériaux que livre l'Afrique – qu'il revient aux historiens du droit d'adapter en permanence des programmes aptes à rendre compte des évolutions, construire des méthodes d'exposé différentes des deux disciplines qui se croisent, justifier en quoi les choix faits restent au service du droit dit moderne. Quel meilleur exemple qu'un droit des obligations lourd de fictions qui s'appuie sur une histoire du droit des obligations en charge d'expliquer qu'il a fallu des siècles de formation et des luttes d'écoles pour construire les seules définitions de l'obligation *et du* contrat *et les faire comprendre à des étudiants, que c'est au niveau de la « terre » et non du « plafond » qu'il faut en déceler les mystères. Tout de même, pour faire comprendre qu'en variant les « entrées », l'historien du droit peut sonder les mystères du droit diplomatique, jongler avec le droit de la guerre, parler du droit d'asile ou du « refuge », visiter tous les systèmes de droit – musulman, chinois, ou autre –, découvrir l'origine de la démocratie dans l'ancienne Athènes ou du gouvernement mixte chez Polybe... et inviter les étudiants, encore sur des pistes incertaines, à prendre le droit non comme une simple technique mais comme un art aussi et une science. Bref, les inviter à se « cultiver » et non à négliger – bien au contraire – les autres matières en les faisant se croiser.*

Le professeur Thiam en fait ici la démonstration car l'étudiant – quelles que soient ses options – trouvera dans cet ouvrage mille conseils, de celui « comment utiliser les cours » à celui de « comment les compléter par les livres », et celui aussi sur la « parole » et même « l'habillement » ou la « participation aux activités culturelles » et même l'art de comprendre ce que « université » veut dire. Il découvrira l'art des examens, la préparation aux épreuves, l'intérêt des QCM dès lors qu'ils sont intelligemment préparés, la manière de rédiger une copie et d'user ou non d'une conclusion, le recours précieux aux sources documentaires et la manière d'accéder aux banques de données. Et, en même temps, une sorte de description du déroulement des années qui l'attendent ou dans lesquelles il est déjà lancé ; ce dernier verra alors tout ce qui lui a manqué de ne pas avoir lu cet ouvrage plus tôt ou en comparera les conseils à ce que ses professeurs lui ont déjà suggéré. Que le professeur Thiam en soit persuadé ! Jouant pleinement du rôle de l'enseignant en charge de « donner faim » à ses étudiants, le memento qu'il livre aux étudiants sera très vite le texte sur lequel seront appliquées les consignes qu'il propose ; il se verra objet d'une note de synthèse par ceux qui s'appliqueront à en tirer les plus grands bénéfices pratiques, d'un résumé par les étudiants pressés, d'une dissertation pour ceux qui estimeront devoir développer tel ou tel point, voire l'objet d'un QCM portant sur des questions majeures déclinées, chacune, en questions de justification... peut-être même le professeur Thiam deviendra-t-il lui-même « un cas pratique » ! Et quant à ceux qui affronteront le troisième cycle, puis le doctorat, ils découvriront minimisée la dimension anxiogène de la recherche en même temps qu'ils comprendront tous les bienfaits – pour une thèse – de s'échapper un temps dans un article, sur un sujet différent, pour découvrir des questions... utiles à leur travail principal. Peut-être même verront-ils l'intérêt à rester comme ces tout jeunes enfants qui disent toujours « et pourquoi ? » et découvriront-ils l'intérêt alors de la démarche historique dans la réflexion en droit.

Pour le reste – et quant à s'aventurer dans le maquis des facultés, des réformes successives aussi bien que dans la place faite à tel ou tel enseignement – je suppose qu'une préface n'est pas le lieu d'y mettre le doigt. Mais audacieux pour un ouvrage de ce genre, le professeur Thiam n'hésite pas à déplorer que la place de l'Histoire du droit dans sa faculté soit si restreinte ou si peu comprise et que, également, pour les professeurs, soit interdit le cumul entre le professorat et l'exercice d'un métier du droit. On le suivra aisément sur ce dernier point car – une fois respecté un certain équilibre – il est d'un grand intérêt pour un étudiant de pouvoir écouter un professeur de droit administratif qui siège dans un tribunal administratif, pour un professeur d'économie dans une entreprise, un professeur de droit civil ou pénal en tant qu'avocat... Et d'ailleurs, si les historiens du droit ne peuvent remonter physiquement le temps, du moins peuvent-ils puiser à toutes les sources de l'histoire pour enrichir le droit de toutes *les autres sciences... y compris celle du droit moderne ! N'est-ce pas ce qui se fait dans certains Etats où les historiens du droit dispensent aussi au moins un cours de droit actuel ? Aux professeurs d'imaginer les moyens de ne pas s'enfermer dans des cadres immuables et de convaincre d'ouvrir de nouveaux champs de réflexion ! La création récente d'un master professionnel sur les « Activités maritimes » n'en est-il pas la meilleure preuve ?*

Bernard Durand
Professeur à l'Université de Dakar de 1971 à 1985
Professeur émérite Université de Montpellier

AVANT-PROPOS

Lorsque le professeur Samba THAM m'a gentiment demandé de rédiger un avant-propos à son ouvrage, j'avoue que j'étais perplexe. Généralement, l'avant-propos est rédigé par l'auteur lui-même pour expliquer aux lecteurs les raisons qui l'ont motivé. Je me suis dit que c'est certainement une manière pour lui de rendre hommage à un aîné qui a participé à sa formation de juriste. J'ai donc accepté. Mais puisque je ne suis pas l'auteur, j'ai décidé de me libérer de l'ouvrage et de livrer l'avant-propos sous la forme de libres propos. Je me suis alors posé deux grandes questions : pourquoi un ouvrage de méthodologie ? pourquoi un ouvrage de méthodologie dans le système LMD ?

Pourquoi écrire un ouvrage de méthodologie juridique qui s'adresse aux étudiants ? Quelle peut être la valeur ajoutée d'un tel ouvrage ? La réponse est donnée par le professeur THIAM qui a compris toute l'importance de la méthodologie dans notre monde en pleine mutation dominé par la science et la technique. Or la science, plus exactement la connaissance scientifique est une caractéristique essentielle de l'homme. Celui-ci cherche à s'approprier la nature et à la mettre à son service. C'est par la science que l'homme s'efforce de donner une orientation, une direction à ses connaissances. En face d'un monde dont il ignore les finalités profondes, la science représente la forme la plus moderne de l'espérance humaine. Grâce à elle, l'homme s'attache à coordonner ses actions à ses mobiles, ses mobiles à ses jugements de valeur, ses jugements de valeurs à ses connaissances. C'est pourquoi il cherche à connaitre le fond des choses. Mais alors pourquoi le droit ? Le droit est un élément important de la vie sociale ; l'on n'aborde pas d'une façon scientifique et correcte l'étude de la vie sociale si on néglige les facteurs juridiques. La plupart des problèmes importants de la vie sociale se traduisent d'une façon ou d'une autre dans le droit. Les grands débats de société (communication audiovisuelle, informatique, progrès scientifique, bioéthique, indépendance et autorité des juges, changement climatique, avortement, terrorisme, etc.), aboutissent d'une manière ou d'une autre au droit. Le droit peut être considéré comme une discipline structurante comme la grammaire ou les mathématiques. Il exige en effet deux qualités essentielles : la clarté et la précision. Et les sciences sociales dont fait partie le droit visent à la découverte de lois en soumettant les phénomènes sociaux à la démarche scientifique. L'esprit scientifique qui en découle est caractérisé par l'esprit critique, la croyance au déterminisme, la croyance au relativisme et à la volonté de classification et de systématisation de connaissances fragmentaires. Or, il n'y a pas de science sans méthode qui selon le Littré, est *« l'art de disposer ses idées et ses raisonnements de manière qu'on les entende soi-même avec plus d'ordre et qu'on les fasse entendre aux autres avec plus de facilité »*. Et la méthodologie est une discipline qui a pour objet l'étude des méthodes ainsi que la réflexion sur la nature et la valeur des instruments dont nous nous servons pour construire notre connaissance. C'est donc heureux que le professeur a intitulé son ouvrage *« la méthodologie en droit et l'art du juriste »*. La méthodologie juridique c'est l'étude du cheminement de la pensée juridique dans la résolution des problèmes juridiques. La méthode en droit est ainsi une manière rationnelle de conduire sa pensée, un ensemble de démarches raisonnées, suivies pour parvenir à un but. C'est *l'art de soulever les choses pour les rendre intelligibles* (BRIMO), *une technique voire un art permettant d'ordonner et de disposer diverses choses en vue d'atteindre un but déterminé* (NZOUANKEU). La fonction d'une méthode consiste donc à proposer une voie permettant d'atteindre un résultat. Être méthodique, c'est agir selon un plan préconçu et réfléchi. Procéder avec méthode, c'est déterminer clairement l'objectif à atteindre, établir la somme des opérations à accomplir et des matériaux et des instruments nécessaires et réaliser ces opérations dans un ordre raisonné. Les étudiants de la première année au doctorat ont besoin de méthodes pour organiser rationnellement leur travail, gagner du temps, éviter le gaspillage d'énergie et atteindre plus sûrement le résultat recherché

Pourquoi écrire un ouvrage de méthodologie juridique à l'ère du système LMD ? Au moment où on privilégie, pour le contrôle des connaissances et leur évaluation, les questions à choix multiples ou les questions-réponses, au moment où la dissertation et le commentaire sont relégués au second plan alors qu'on demande aux étudiants en master de rédiger un mémoire et aux étudiants de doctorat de rédiger une thèse ! Curieux. Ecrire un ouvrage de méthodologie en ce moment avec le système LMD n'est-ce pas prendre le risque de ne pas être entendu ? Et pourtant, le professeur Samba THIAM l'a admirablement réussi avec son style si caractéristique et sa didactique si fine. C'est que les études de droit appellent le raisonnement, l'argumentation, la démonstration, la logique juridique et non la récitation et la répétition. Tout le monde s'accorde sur le fait que le syllogisme est le mode de raisonnement du juge. Or le syllogisme est fondé sur la logique, sur la déduction.

Ce qu'on doit apprendre aux étudiants en droit, c'est d'abord le raisonnement. Raisonner, c'est confronter une situation de faits à des règles de droit en vue de dégager une solution juridique adéquate. Le raisonnement juridique est une démarche intellectuelle qui doit conduire à la solution des problèmes juridiques grâce à des moyens rationnels. Le juriste peut utiliser une méthode analytique (décomposer un ensemble afin d'en séparer les éléments constitutifs) et/ou une méthode synthétique (rassembler les éléments du système juridique pour en tirer des vues d'ensemble, pour en donner un ensemble explicatif). De cela découlent la déduction (on part d'un principe pour en déduire les conséquences) et l'induction (on part des conséquences observées pour en rechercher le principe dont elles peuvent dépendre).

Savoir raisonner mais aussi savoir argumenter. L'argumentation permet de justifier, de critiquer, de réfuter un point de vue. Que ce soit par analogie, a fortiori ou a contrario, que ce soit en recherchant l'intention de l'auteur de l'acte ou le but qu'il poursuit, le juriste utilise des arguments dans le cadre d'une discussion.

Savoir argumenter mais aussi savoir interpréter, c'est-à-dire déterminer le sens, la signification d'un texte peu clair, peu précis ou ambigu. Qu'elle soit littérale, qu'elle recherche l'intention de l'auteur de l'acte, qu'elle soit extensive ou stricte, systémique, évolutive ou historique, l'interprétation est indispensable au travail du juriste.

Raisonner, argumenter, interpréter : le but de toute méthodologie. Le tout dans la rigueur. C'est à cela qu'appelle le professeur samba THIAM. Une initiative à poursuivre et à multiplier.

Demba SY
Professeur titulaire de Droit public

INTRODUCTION

« *Nous ne pouvons empêcher les oiseaux de voler au-dessus de nous, mais nous pouvons faire en sorte qu'ils ne construisent pas leurs nids sur notre tête* »[2].

« *Notre plus grande gloire n'est point de tomber, mais de savoir nous relever chaque fois que nous tombons* »[3].

Le droit, comme toute discipline de l'esprit, obéit à un langage qui lui est propre, surtout écrit en latin, épave du droit romain[4], hermétique pour le non initié[5].

Par exemple, *« intuitu personae »* signifie « *en considération de la personne* » ; « *res nullius* » veut dire « *bien sans maître* » ; « *in limine litis* » correspond en français à l'expression « *au début de la procédure* » ; autre exemple, « *lucrum cessans* » pour dire « *manque à gagner* »[6].

---

[2] Martin Luther King, cité par Sophie CHICHE et Mark SAMUEL, *Petit éloge de la responsabilité*, Nouveaux Horizons, Paris, 2015, p. 102.
[3] Confucius, philosophe.
[4] Alain PEYREFITTE, *Les chevaux du lac Ladoga. La justice entre les extrêmes.*, Librairie Plon, 1981, p. 94. Alain PEYREFITE a exercé, en France, la fonction de Ministre de la Justice, Garde des sceaux.
[5] Mamadou BADJI, « Ecriture et enseignement du droit », in : *Ecriture du droit*, CIFDUF, Presses de l'Université Toulouse I Capitole, 2014, p. 109, qui, en rappelant le caractère spécialisé du vocabulaire du droit romain, une pratique et une science, à la fois, cite P. BODINEAU, « Préface », *L'écriture des juristes* XVIe-XVIIIe siècle, (Etudes réunies par L. GIAVARINI), Ed. Classiques Garnier, 2010, p. 8.
[6] Ces exemples ont été donnés par Alain PEYREFITTE (ibid.) pour montrer comment la justice aimait à parler latin.

Egalement, dans « Je veux réussir mon droit », Isabelle DEFRÉNOIS-SOULEAU magnifie la richesse du vocabulaire juridique qui permet d'être précis[7] et donne quelques expressions de la commission de modernisation du langage juridique, notamment « *Accessorium seqitur principale* » signifiant « *L'accessoire suit le principal* » ; « *Actori icombit probatio* », c'est-à-dire que « *la preuve incombe au demandeur* » ; « *Actor sequitur forum rei* », à savoir que « *Le litige doit être porté devant le tribunal du défendeur* » ; « *Infans conceptus pro nato habetur quoties de commodis ejus agitur* » qui signifie que « *L'enfant conçu est considéré comme né quand son intérêt est en cause* » et « *Ex aequo et bono* » signifiant « *en équité* »[8].

---

[7] Isabelle DEFRENOIS-SOULEAU, *Je veux réussir mon droit. Méthodes de travail et clés du succès.*, Dalloz, 11e édition, Paris, 2018, p. 9, en précisant que la notion de jugement correspond à une décision de justice rendue par un tribunal, qu'arrêt vise les décisions rendues par les Cours d'appel, la Cour de cassation, le Conseil d'Etat, la Cour européenne des droits de l'homme et la Cour de justice de l'Union européenne. Effectivement, le terme prévenu est employé pour désigner la personne qui a commis une contravention ou un délit, et qui est attraite devant un tribunal correctionnel, alors que l'accusé va être traduit devant la Cour d'assises, qui dira s'il est ou non coupable. Les cours d'assises ont été supprimées au Sénégal et remplacées par des chambres criminelles. C'est la loi n° 2008-50 du 23 septembre 2008 qui a modifié le code de procédure pénale, qui a rendu facultaive l'enquête de personnalité, cf. Souleymane TELIKO, *Méditations sur l'acte de juger. L'ultime audience.* Editions librairie juridique africaine, avril 2020, p. 47.

[8] Pour plus de détail, lire Isabelle DEFRÉNOIS-SOULEAU, *Je veux réussir mon droit...*, op. cit., p. 11.

Aussi, pour réussir son droit, le bachelier[9] doit avoir acquis une parfaite maîtrise de la langue française[10] et une bonne aptitude à la réflexion, la philosophie aidant. Sur ce point, nous recommandons *Dire et écrire le droit en français correct* de Michèle LENOBLE-PINSON[11].

L'enseignement de la méthodologie juridique a pour objectif de donner à de nombreux étudiants le goût du raisonnement juridique dont la présentation n'est pas un signe d'appartenance à une élite universitaire, mais plutôt un moyen de compréhension de la situation parfois confuse de la méthodologie en droit. Mutatis mutandis[12], nous disons la même chose, dans le cadre de la méthodologie, avec des pédagogies, des méthodes et conceptions différentes. Mais nous engageons nos étudiants à suivre les recommandations et les conseils de leurs formateurs.

---

[9] ou le capacitaire. La capacité en droit est un diplôme attribué par la Faculté des sciences juridiques et politiques lorsqu'on a la moyenne de 14, suivant le cumul des deux années de formation. On accède à cette formation avec le niveau de brevet de fin d'études moyennes. Au bout de deux ans, si l'on n'a pas la moyenne de 14, on doit, pour être admis en première année, réussir des tests organisés, à cet effet. Par ailleurs, en dehors de la capacité, on peut également accéder à la première année de droit à la suite d'un examen spécial organisé par la faculté souvent au moment de la rentrée universitaire.

[10] Considérant que toute la pédagogie coloniale d'utilisation de la langue française dépendait largement des objectifs politiques coloniaux qui en légitimaient le contenu, cf Fabienne LALLEMENT, Pierre MARTINEZ et Valérie SPAETH, *Français langue d'enseignement vers une didactique comparative, Le français dans le monde*, numéro spécial, janvier 2005, p. 13, qui citent Georges Hardy, le premier inspecteur de l'enseignement primaire en Afrique Occidentale Française.

[11] Michèle LENOBLE-PINSON, *Dire et écrire le droit en français correct*, Bruyant, 2ème édition, 2019.

[12] Toute proportion gardée.

Partant de notre modeste expérience, cette étude a pour ambition d'aider les étudiants à réussir leur droit, en suivant leur parcours. Aussi, l'engagement est-il pris d'apporter notre pierre à l'édifice que constitue l'enseignement de la méthodologie en droit, introduit par le système LMD[13]. Aussi, Amadou Hampathé Bâ a raison d'écrire que « *Le meilleur des cœurs est celui qui conserve le mieux en lui-même la reconnaissance* »[14]. C'est pourquoi, à travers cette étude, nous avons voulu exalter les enseignements des maîtres, une formation qui nous a beaucoup marqué. Effectivement, nous ne pouvons offrir à nos étudiants beaucoup plus que ce que nos maîtres nous ont donné. Cela est d'autant plus vrai que ces derniers l'ont mieux enseigné avec une très grande générosité, une passion immense, une particulière pédagogie et une vocation extraordinaire, ce qui leur vaut, à la retraite, d'être associés, plusieurs années encore ou d'être qualifiés professeurs émérites, en fin de carrière.

Généralement, le droit n'est pas enseigné au lycée. La faculté de droit n'est pas une école professionnelle mais un cadre de culture juridique. On dit que le droit est une école du raisonnement ; l'étudier, c'est apprendre à réfléchir, à chercher et à rédiger. Donc, on y forme un esprit juriste nécessaire à une spécialisation ultérieure. D'ailleurs, nous pouvons reprendre la règle pédagogique fondamentale de Jean-Marc Ela[15] : « *la valeur et la fécondité d'un spécialiste sont définies par le niveau d'instruction générale à partir duquel la spécialisation a commencé* ».

---

[13] Professeur Mayata MBAYE (actuel Directeur général de l'école régionale supérieure de la magistrature, ERSUMA) et moi avons été initiés sur cette question par le professeur Abdou Karim Ndoye, un spécialiste de la question, non moins directeur de l'enseignement pédagogique du Rectorat. D'où une série extraordinaire de conférences dans ce domaine, dont celle d'Ouagadougou (Burkina Faso) en octobre 2008.

[14] Amadou Hampâté BA, *Oui mon Commandant*, Actes Sud, 1994, p. 77.

[15] Jean-Marc ELA, *La plume et la pioche. Réflexion sur l'enseignement et la société dans le développement de l'Afrique Noire*, Editions CLE YAOUNDE, 1971, Archives Nationales du Sénégal, bi III 8° 1540, p. 30.

Ainsi, pour être avocat, magistrat, huissier, notaire, conseil d'entreprise, par exemple, il faut d'abord acquérir une culture juridique forte, en obtenant, essentiellement, la licence et le master. En effet, cette culture générale nécessaire à la spécialisation s'obtient en suivant une façon habituelle de travailler, qui, même progressive, est la même de la première année au doctorat. Effectivement, on dit, c'est en forgeant qu'on devient forgeron[16]. Et, par conséquent, dans l'intérêt des étudiants en droit, la forge ou l'art juridique, est une affaire d'une grande famille des juristes, composée particulièrement des notaires, huissiers, magistrats, avocats et professeurs de droit[17].

Avouons-le ! Nous avons compris davantage le droit dans la pratique, et que nous continuons à l'apprendre indéfiniment. Dès lors, qu'il nous soit permis de regretter, ici, le non-cumul de la profession d'avocat et de la fonction de professeur de droit. C'est dommage pour les avocats qu'ils ne puissent pas intégrer le corps des professeurs ou chargés de cours de droit à l'université. Il en est de même pour les magistrats qui ne peuvent pas être des professeurs associés, comme les médecins militaires. C'est également très triste pour les étudiants en droit qui ne peuvent pas bénéficier de l'expérience des praticiens, avocats et magistrats, qui appliquent le droit, qui ont l'habitude de poser les problèmes de droit et de conclure ou de raisonner pour trouver la solution de droit appropriée. Bien évidemment, les professeurs de droit chevronnés peuvent, de leur côté, contribuer à la formation

---

[16] « Il est impossible de savoir tourner un pot en regardant le potier à son tour quel que soit le degré d'intelligence du scrutateur », disent les rédacteurs de *la méthodologie des épreuves d'accès au centre régional de formation professionnelle des avocats* (CRFPA), Joël ANDRIANTSIMBAZOVINA, David-Raphaël BENITAH et Thibault GISCLARD, sous la direction de Daniel BERT, 4e édition, LexisNexis, 2019, pp. 67 et 68.

[17] Dans tous les cas, on perçoit la subtilité dans la délicatesse.

du droit, en tant qu'avocats, en concluant et en enfermant les juges dans des considérations pertinentes qui s'asseyent sur une bonne interprétation du droit.

Pourtant, en ce qui concerne les magistrats, comme les médecins militaires, depuis la création de l'université jusqu'à de nos jours, le décret de 1981, N° 81-1212 du 9 décembre 1981[18] leur permet d'être associés aux enseignants-chercheurs, et dans cette hypothèse, de participer à l'enseignement et à la recherche. Dès lors, ils peuvent poser leurs candidatures pour l'agrégation, comme les militaires de la faculté de médecine. Aussi, les magistrats apporteront la musicalité de leurs « *attendus que* ». Et ils pourront expliquer comment, dans leur motivation, ils mettent l'argumentaire des parties (une page de résumé des conclusions des avocats), en permettant d'intégrer tout ce qui est demandé. C'est également une preuve de transparence pour le juge qui dit « voilà le débat, le problème qui se pose, les prétentions et arguments des parties, et voilà la règle de droit et ma motivation, donc, par ces motifs, je décide ». Hélas, de plus en plus, la technique du commentaire d'arrêt (y compris du jugement) recule du fait des grèves, du grand retard du démarrage des semestres, du manque de personnel qualifié et de la pléthore des étudiants, notamment. D'ailleurs, des professeurs cumulaient leurs fonctions avec celles de magistrat à l'Université de Montpellier[19].

---

[18] Décret 81-1212 du 9 décembre 1981 fixant les conditions de nomination, d'emploi, de rémunération et d'avancement des personnels enseignants non titulaires des universités.

[19] En tout cas, aux 13, 14ème siècles, comme l'indique le professeur Bernard DURAND, dans son article « Entre liberté académique et Déontologie universitaire : des « franchises hors d'âge », in *Actes du colloque de l'IDHP* des 28 et 29 avril 2016, p. 78, à paraître. De nos jours, nous remarquons un souffle considérable de magistrats qui poursuivent leurs études jusqu'au

A l'instar des médecins et dans l'intérêt des étudiants de médecine, voici les recommandations faites dans le cadre de l'enseignement clinique.

Il était recommandé aux professeurs de ne pas faire de longues cliniques sur un seul sujet, mais plutôt des causeries sur plusieurs malades au cours de la visite hospitalière ou de la consultation de la Polyclinique, d'exposer d'une façon simple, claire, la nature de l'affection, son évolution probable, son pronostic, son traitement en rappelant toujours les grandes caractéristiques de la maladie, d'éliminer dans la discussion du diagnostic, toute citation de maladie exceptionnelle en A.O.F. enfin d'entrecouper le tout d'examens directs de malades par les élèves, et de poser à ces derniers de nombreuses interrogations pour s'assurer toujours qu'ils ont compris, bien compris[20].

doctorat, et se spécialisent de plus en plus. Ce qui s'inscrit parfaitement dans le cadre d'une formation continue obligatoire exigée des magistrats. Notre ami, Souleymane TELIKO, magistrat, qui a beaucoup contribué à la rédaction de notre mémoire de maîtrise sur le chèque sans provision, vient, en plus de sa thèse, de publier son livre relatif aux *Méditations sur_l'acte de juger*, préfacé par l'ancien Ministre Bamba DIEYE, qui magnifie le combat de l'auteur pour l'indépendance de la justice. *L'ultime audience. Editions librairie juridique africaine*, avril 2020. Il interpelle (page 16) les praticiens du droit, et en particulier les juges, les invitant à réfléchir sur la dimension spirituelle de leur mission.

[20] Note sur l'enseignement clinique, ANS O163 (31). L'enseignement théorique et pratique portait, notamment sur la physiologie et séméiologie, l'anatomie, l'épidémiologie et la dissection et la médecine opératoire. Pour la pharmacie, on y enseignait la pharmacie galénique et la chimie analytique, notamment. Par ailleurs, pour une méthodologie très pratique de la recherche clinique, les étudiants en médecine peuvent utiliser santé publique et médecine légale de Clément Lebreton et Matthieu Leconte, Santé publique et Médecine légale, ellipses, 2011, pp. 14 et suivantes.

Effectivement, l'école de médecine était assez bien équipée de laboratoires en anatomie, microbiologie, chimie et physique[21]. Les professeurs avaient à leur disposition une bibliothèque et des ressources du cinéma, spécialement un appareil à projection et de nombreux films d'une grande valeur éducative[22].

Qui plus est, la liaison entre la formation des médecins et le Service de l'enseignement était réalisée par la visite des élèves des écoles de Dakar et par une série de conférences faites par les professeurs de l'école de médecine aux futurs instituteurs à l'école préparatoire William Ponty. Ainsi, le médecin et l'instituteur sortaient de la même école préparatoire. D'ailleurs, aux yeux de l'autorité coloniale locale, le lien entre école de médecine et service de l'enseignement fera de l'école une université qui seule possède les moyens, non seulement de meubler l'esprit de lettres et de sciences, mais aussi et surtout de guider l'évolution des mœurs, en enseignant le sens des responsabilités personnelles, l'ordre, la méthode, le sentiment de la solidarité, le respect de la discipline et la pratique de l'hygiène[23].

Bien entendu, cette façon de voir est valable en droit. L'enseignement et la pratique ne peuvent être dissociés[24]. Puisqu'il

---

[21] Le programme de l'école prévoyait une séance par semaine de travaux pratiques de bactériologie ou de parasitologie. Les examens étaient organisés en milieu de l'année scolaire (examen semestriel) et en fin d'année.

[22] Voir les documents d'archives, ANS O163 (31) dans notre étude relative à « L'assistance médicale à l'époque coloniale », in : Revue Générale de droit médicale, n° 70, mars 2019.

[23] A propos de l'enseignement, l'autorité coloniale appliquait la méthode de l'enseignement primaire à l'enseignement médical supérieur, à savoir, dans la discipline, enseigner par le livre et par les exercices pratiques, cf Lettre du Ministre des colonies aux gouverneurs généraux, datée de Paris, 17 mars 1937, ANS, série O14 (31).

[24] En France, la fonction de professeur autorise l'exercice d'une profession libérale en relation avec la matière enseignée, ses missions consistant à transmettre le savoir à ses élèves et poursuivre des travaux de recherche dans sa spécialité, cf Marcel CULIOLI, « Enseignant – chercheur », in : *Revue Le Droit et ses métiers*, *Lamy*, 2008, p. 75.

ne suffit pas de décider que les lois seront appliquées, il faut aussi qu'il y ait des gens assez instruits pour prendre connaissance des lois dont peuvent se réclamer les justiciables. Par conséquent, la justice de qualité exige la reconstitution de la grande famille de la dame Justice, magistrats, huissiers, notaires, avocats et enseignants, dans les programmes d'enseignement du droit en Afrique et dans la pratique judiciaire[25]. Alors, notre solidarité répondra parfaitement au souhait de notre grand et regretté magistrat Kéba Mbaye qui a essayé de démontrer dans ses études, à plusieurs reprises, comment le Droit constitue un mécanisme de développement économique et social[26].

Oh ! « *Où apprendra-t-on le droit ? On l'enseigne théoriquement dans les Facultés. Mais le droit est surtout une science d'application et il n'existe pas d'autres écoles d'application que les Palais de justice ou les études d'avoués* »[27].

En particulier, pour les avocats et les professeurs, l'ordonnance n° 60-309 du 3 septembre 1960 du Président du Conseil Mamadou DIA, portant création d'un Barreau près la Cour d'appel du Sénégal[28] a posé, dans son article 41, le principe du cumul des deux professions, en ces termes : « *La profession*

---

[25] Pour le cumul de l'enseignement et de la recherche, nous conseillons de lire notre étude : Samba THIAM, « La mise en place de l'enseignement du droit au Sénégal », in : *Le Juge et l'Outre-Mer*, Tome 7, UMR 5815 – Montpellier, 2014, page 245 : l'enseignement universitaire ne peut être évoqué sans les possibilités de recherches.

[26] Kéba MBAYE, « les voies et les vertus du droit africain », *Revue sénégalaise de droit*, 1970, n° 7, p. 23.

[27] Polydore FABREGUETTES, *La logique judiciaire et l'art de juger*, Librairie générale de droit et de jurisprudence, deuxième édition, Paris, 1926, p. 11. En note de bas de page, on lit : « La Science du droit, sans l'expérience qui s'acquièrt ès Palais et ès audiences, ressemblerait aux épreuves des grandes machines qui se font sur de petits modèles, ou à ceux qui sans avoir vu l'ennemi se sont exercés en des combats imaginaires ».

[28] Journal officiel de la République du Sénégal (JORS) du 12 septembre 1960, p. 946.

d'avocat est incompatible avec toutes les fonctions publiques et avec toutes missions confiées par Justice, notamment celle d'expert ou d'arbitre rapporteur.

Toutefois, elle est compatible avec les fonctions de professeur ou chargé de cours de droit dans les facultés ou écoles ».

Mais, c'est en 1984[29], alors que Maître Doudou NDOYE était ministre de la Justice, que la disposition qui permettait le cumul a été supprimée. Cependant, en 1987, profitant de l'organisation de l'Ordre des avocats, le législateur sénégalais a considéré que les agrégés des facultés sont dispensés du stage, et que, donc, ils peuvent s'inscrire au grand Tableau des avocats sans avoir à effectuer un stage de trois (3) ans, à moins de se renforcer en déontologie durant quelques mois.

Nonobstant, les avocats estiment que les professeurs agrégés sont des fonctionnaires soumis à un lien de subordination ; ils doivent alors démissionner avant d'entrer dans la profession d'avocat, ce qui a été approuvé, en 1998, par la Cour d'appel de Dakar[30]. Néanmoins, cette Cour d'appel de Dakar est revenue sur sa position, en distinguant l'accès de l'exercice,

[29] Loi 84-09 du 4 janvier 1984 relative à la création de l'Ordre des Avocats, complétée par la loi 87-30 du 28 décembre 1987 relative à l'Ordre des avocats. Voir relativement à l'application de loi du 4 janvier 1984 et celle n° 2009-25 du 8 juillet 2009, arrêt n° 02 du 10 janvier 2013 de la chambre administrative de la Cour suprême du Sénégal, Ordre des avocats du Sénégal c/ Samba Thiam.

[30] C'est l'arrêt de la Cour d'appel de Dakar, en date du 25 juin 1998, entre Ordre des avocats du Sénégal et les agrégés des facultés de droit Abdoulaye SAKHO, Ndiaw DIOUF, Isaac Yankhoba NDIAYE et Moussa SAMB. Ces derniers ont formé des recours en se fondant sur les dispositions de la loi de 1984-09 du 4 janvier 1984 et celles de la loi 87-30 du 28 décembre 1987. Soulignons d'abord que cet arrêt de la Cour d'appel a réglé des questions fondamentales découlant des programmes de licence en droit, plus précisément en introduction au droit, en droit administratif et en institutions judiciaires et en droit judiciaire privé. Elle a précisé que le barreau est un établissement public dépourvu de caractère juridictionnel, rendant des décisions qui constituent des actes administratifs, et donc qui ne jouissent pas de l'exception de chose jugée, en clair de fin de non-recevoir. Par

conformément aux dispositions de l'article 16 de la loi de 1984[31].

---

ailleurs, le juge d'appel a considéré qu'une loi est dite interprétative lorsque sans rien innover, elle intervient sur un point de vue préexistant qu'une définition imparfaite a rendu susceptible de controverse. Ensuite sur la question de l'incompatibilité, la Cour a reconnu, en application de l'article 43 de la loi 84-09 du 04/01/1984, que les impétrants, agrégés des facultés de droit, sont fondés en leurs demandes d'inscription au tableau de l'ordre des avocats ; mais la situation des candidats à l'inscription, qui participent actuellement à une fonction publique d'établissement, l'Université Cheikh Anta DIOP de DAKAR, en qualité de fonctionnaire, ne peuvent s'inscrire au tableau de l'ordre des avocats, en raison de l'interdiction du cumul de l'exercice du métier de fonctionnaire avec l'exercice de la profession d'avocat ; faute de pouvoir établir rationnellement la possibilité de déduire de la combinaison des articles 10 et 43 de la loi relative au barreau, la compatibilité des fonctions d'enseignant du supérieur (public) avec l'exercice de la profession d'avocat et, le cas échéant, la constituer par des motifs qui révéleraient leur pertinence dans le cadre d'une logique impliquant le souci d'assurer le respect de la règle impérative de protection des intérêts des membres du barreau, il y a lieu, en prenant acte de l'absence au Sénégal de dispositions législatives prévoyant expressément, comme en France, des exceptions à la règle de l'interdiction du cumul de la profession d'avocat avec une fonction publique, de rejeter les requêtes de Ndiaw DIOUF, Isaac Yankhoba NDIAYE, Moussa SAMB et Abdoulaye SAKHO. Bien évidemment, l'Université, bien qu'établissement public, a un statut particulier, un comptable particulier, une personnalité juridique distincte de l'Etat, si bien que l'Agent judiciaire de l'Etat n'intervient pas dans son contentieux. Bien sûr, le statut d'enseignant – chercheur est un statut particulier. Les enseignants - chercheurs des universités, comme l'ont bien démontré les agrégés précités, jouissent d'une grande indépendance dans l'exercice de leurs activités professionnelles.

[31] Cour d'appel de Dakar, arrêt n° 5, Assemblée Générale du 9 janvier 2012, confirmé par l'arrêt n° 02 du 10 janvier 2013 de la chambre administrative de la Cour suprême du Sénégal, qui, en rappelant une règle élémentaire du cours de droit civil de la première année de droit, de la non rétroactivité de la loi nouvelle s'agissant des dispositions de fond, a rejeté le pourvoi formé par l'Ordre des avocats du Sénégal, approuvant la Cour d'appel qui avait jugé, en application des mêmes textes invoqués dans l'affaire Ndiaw DIOUF et autres, que l'accès doit être distingué de l'exercice, dans la mesure où la question de l'incompatibilité se pose au moment de l'entrée en fonction, d'où l'inscription de l'agrégé des facultés de droit Samba THIAM au grand tableau le 20 février 2012.

Hélas ! Sous notre regard courroucé[32], les avocats persistent, « à chacun son domaine », disait le Ministre Madické NIANG, lors de l'adoption de la loi n° 2009-25 du 8 juillet 2009 à l'Assemblée nationale du Sénégal. C'est ainsi qu'ils ont amené les parlementaires sénégalais – le phénomène majoritaire aidant – à adopter la disposition selon laquelle les fonctions publiques d'enseignement sont incompatibles avec la profession d'avocat (article 10).

La profession d'avocat est-elle incompatible avec la fonction de professeur agrégé en droit[33] ?

A chaque fois que l'on veut résoudre un problème bien posé, surtout en droit, il faut interroger l'histoire. D'où la vertu de l'histoire du droit qui apporte un témoignage de l'évolution du droit. De ce fait, sur cette question, l'histoire nous enseigne que la réponse ne peut être que négative, car la fonction de professeur agrégé de droit ne fait pas obstacle ni à l'accès à la profession d'avocat, ni au plein et libre exercice.

L'enseignement universitaire n'a pas pour mission la science, réduite à un moyen, mais qui reste, non pour lui-même, mais pour son utilité à l'exercice des professions et en charge de

---

[32] Effectivement, nous étions présents, mon confrère et ami Abdoul Hamid NDIAYE, du même Barreau de Paris, (avant qu'Abdoul ne devienne conseiller du Ministre d'Etat Ismaïla Madior FALL, au moment du vote de la loi de 2009 à l'Assemblée Nationale, grâce à un ami promotionnaire de la faculté des sciences juridiques et politiques, qui assurait la fonction de juriste dans cette assemblée solennelle.

[33] L'agrégation en droit est-elle assimilable au CAPA (Certificat d'aptitude à la profession d'avocat) ou au certificat de fin de stage des avocats ? Nous y reviendrons plus largement ailleurs.

former une technique[34]. En effet, l'enseignement en droit est une occupation qui ne porte atteinte, ni à l'indépendance et à la dignité de l'Avocat, ni au caractère libéral de la profession d'avocat, si bien que depuis l'édit de Saint-Germain, un enseignant de droit français – presque toujours un ancien avocat – doit enseigner le droit appliqué devant les diverses juridictions. La plupart se sont acquittés parfaitement de leur tâche[35].

« *Si l'on peut dire, d'un côté, que les occupations d'un professeur sont incompatibles avec la profession d'avocat, parce que leur emploi est d'instruire la jeunesse, sans se détourner d'autre chose ; d'un autre côté, on peut dire aussi, que ces deux emplois ont tant de rapports entre eux, que rien n'empêche qu'une même personne ne puisse les remplir, attendu que les professeurs ayant leurs occupations fixes à certaines heures du jour, ils peuvent employer le reste de la journée à exercer la profession d'avocat* »[36].

En réalité, l'incompatibilité vise toute espèce de négoce, et non l'enseignement du droit. C'est pourquoi en France et dans

---

[34] (...) extrait de l'article du professeur émérite Bernard DURAND, « Entre liberté académique et Déontologie universitaire : des « franchises hors d'âge » ? Actes du colloque de l'IDHP des 28 et 29 avril 2016, p. 81, à paraître. Dans *Oui Commandant* d'Amadou Hampâté BÀ (Actes Sud 1994, page 273), nous avons appris qu'à l'époque coloniale, un administrateur colonial, docteur en droit, assurait la fonction d'avocat, bien entendu, faute d'avocat installé. Ainsi, par exemple, dans l'affaire Haman Nouh, Jean-Charles Henri Le Grand, administrateur en chef de 2° classe, était l'avocat de la défense des commandants de Cercle Saride et Cardier. Ainsi, également, un docteur en droit, receveur de l'enregistrement et des domaines à Ouagadougou, a été désigné pour défendre les intérêts de Haman Nouh dont l'épouse aurait été détournée par le Commandant Saride.

[35] Jean-Louis GAZZANIGA, *Etudes d'histoire de la profession d'avocat*, Presses de l'Université des sciences sociales de Toulouse, n° 7 – 2004, p. 47.

[36] Commentaire de Soulages sur un arrêt contraire du 22 mars 1538, rapporté par d'OLIVE, cité par GAZZANIGA, *Etudes d'histoire*..., p. 274.

plusieurs pays francophones[37], on a compris que l'enseignement du droit et la pratique du droit concourent au bon fonctionnement de la justice. Certes, l'avocat est un auxiliaire de justice, avec la discrétion, la probité, le dévouement et le désintéressement, mais aussi il doit posséder une vaste culture. Dans ce cas, le lien avec l'université apparaît naturel.

C'est pourquoi dans tous les pays du monde, la robe domine l'enseignement du droit. Alors, le professeur Gazziniga, non moins avocat, peut écrire que « *le barreau tout entier est d'ailleurs fier de la réussite universitaire de ces jeunes confrères,* et *qu'il y a là un foyer commun qui donne au palais d'excellents avocats et à l'université de bons professeurs* »[38].

Là gît la pertinence du Bâtonnier Fadilou Diop qui relève qu'« *On y vient par vocation. Un médiocre ne peut pas l'exercer pendant des années. Du reste, le nombre amènera la concurrence et la concurrence fera que les médiocres s'en iront* »[39].

Pourtant, le Règlement de l'UEMOA du 25 septembre 2014[40] viendra reposer le principe du cumul sans que les

---

[37] Alors que le Sénégal est resté un pays de référence depuis la période coloniale.

[38] Gazziniga, ibid., p. 248.

[39] Soleil 18 juillet 1979. Dès lors, le Certificat d'aptitude à la profession d'avocat (CAPA) doit être délivré dans le cadre d'un enseignement prodigué par des professeurs de faculté, par des magistrats expérimentés et par des avocats chevronnés. D'ailleurs, une autre considération qui dégage la véritable intention du législateur sénégalais de la compatibilité et du cumul des fonction résulte de l'article 2 de la loi 84-09 du 4 janvier 1984 (non modifié par la loi 2009-25), selon lequel « *Les avocats inscrits au Barreau portent le titre d'Avocat à la Cour suivi, le cas échéant, de la mention des titres universitaires et des distinctions professionnelles* », ce qui pose le principe de la formation continue et exige le rapprochement du Barreau de l'Université, des facultés de droit.

[40] Règlement n° 05/CM/UEMOA relatif à l'harmonisation des règles réagissant la profession d'avocat dans l'espace UEMOA (Union économique et monétaire ouest africaine).

professeurs agrégés soient obligés de démissionner de l'université. Mais, la situation se complique avec les lois particulières des pays membres. Ainsi, le 22 août 2019, le juge constitutionnel béninois indiquait sa position, en s'appuyant essentiellement sur sa législation nationale (loi de 1965) et sa constitution (1990)[41].

---

[41] La Cour constiutionnelle du Bénin considérait dans sa décision n° 19-287 du 22 août 2019 que la profession d'avocat est compatible avec les fonctions de professeurs ou de chargés de cours dans les facultés ou écoles, en application des articles 5 alinéa 1 et 26 alinéa 2 de la loi 65-6 du 20 avril 1965. Et elle en déduisait que cette loi est plus avantageuse que le Règlement de l'UEMOA qui dispose dans son article 35 al 1 que « La profession d'avocat est compatible avec les fonctions d'enseignant vacataire ». Elle précisait, ainsi, que le règlement ne fait qu'établir une compatibilité statutaire à l'égard de l'avocat candidat à la profession d'enseignant supérieur. Néanmoins, dans sa décison n° 005/2020/ du 08 juillet 2020, la Cour de Justice de l'UEMOA a censuré cette décision lorsqu'elle a été saisie par la Commission de l'Union, en rappelant que l'article 35 concerne l'exercice de la profession d'avocat. Et elle attira l'attention sur les dispositions de l'article 33 du Règlement qui dispose que « La profession d'avocat est incompatible avec l'exercice de toute autre profession, sous réserve des dispositions législatives ou réglementaires particulières, (…) plus généralement avec l'exercice de toute autre profession ou fonction emportant un lien de subordination ». La haute Cour a dit expressément qu'en combinant les articles 33 et 35 du Règlement n° 5 la profession est juridiquement inconciliable avec la fonction d'enseignant supérieur et titulaire, qui, à ses yeux, est une fonction permanente. Elle précisa que le législateur de l'UEMOA a voulu restreindre l'accès à la profession, mais aussi éviter les conflits d'intérêts que cela pouvait engendrer. Ce qui est dommage, car, comme nous l'avons souligné assez largement, la profession d'avocat est parfaitement conciliable avec la fonction d'enseignant du supérieur, même pemament, si bien que depuis la création de la profession d'avocat, il a été expressément dit qu'elle est incompatible avec toute autre profession ou fonction sauf celle de professeur ou chargé de cours. Toutefois, la Cour reconnaît que le professeur d'université jouit effectivement d'un droit d'inscription prévu à l'article 24 al 4 du même Règlement. Justement, la véritable intention du législateur communautaire, comme ce fut le cas, depuis l'indépendance des Etats africains d'expression française, c'est de permettre aux professeurs de droit

de s'inscrire au grand Tableau de l'Ordre et de cumuler leur fonction avec la profession d'avocat. S'ils peuvent s'inscrire au grand Tableau sans condition d'âge, c'est parce qu'ils pourront l'exercer en même temps qu'ils enseignent et font des recherches à l'université, à moins de considérer que les conditions requises pour accéder à la fonction de professeur agrégé des universités sont équivalentes aux conditions d'accès à la profession d'avocat. Comment les pays peuvent-ils s'inverstir pour former et recruter des professeurs, les hisser à ce niveau et les encourager à quitter pour aller exercer la profession d'avocat ? Effectivement, la Cour constitutionnelle du Bénin a eu raison de juger que l'article 35 ne fixe pas une incompatibilité d'exercice de la profession d'enseignant du supérieur dont le régime relève des dispositions staturaires relatives à cette profession. Bien évidemment, contrairement à ce qui a été mentionné par la Cour de justice, le Règlement, quand bien même constituant un ordre juridique communautaire direct et supérieur, n'a pas, il nous semble, abrogé les dispositions de la loi 65-6 du 20 avril 1965, dans la mesure où il admet relativement au principe d'incompatibilité, une réserve concernant les dispositions législatives ou réglementaires particulières. Cela est d'autant plus vrai que si l'expression enseignant vacataire interdit le cumul d'avec la fonction d'enseignant titulaire, cela ne signifie, non plus, que le professeur agrégé des facultés de droit ne peut cumuler sa fonction avec celle d'avocat. D'ailleurs, l'article 24 du Règlement alinéa 4 n'a pas précisé, comme pour les magistraits, « (…) qui auront préalablement démissionné de leur fonction ». Et qu'en énumérant les conditions d'accès à la profession d'avocat, le législateur communautaire n'a pas fait allusion à cette interdiction de cumul. Donc, à quoi cela sert d'admettre un professeur de droit soumis à des cours de déontologie et de pratique professionnelle d'avocat pour une période d'au moins six (6) mois, si ce n'est pouvoir exercer immédiatement après la profession d'avocat. Au fond, on n'harmonise pas en remettant en cause des acquis, l'intention du législateur est, par conséquent, de conserver ces acquis et de faire en sorte que les autres pays qui avaient supprimé légalement le cumul, comme le Sénégal en 2009, de se conformer aux dispositions posititives des Etats qui l'ont conservé, et ce pour favoriser l'animation et la construction du droit, en contribuant à former des élites qui se chargeront d'assurer la croissance, la justice et la paix sociale. Sur ce, nous estimons que la Cour constitutionnelle du Bénin a raison de contester la primauté absolue de la législation communautaire sur le système juridique interne. Sur ce point, il n'y a pas de contrariété entre droit communautaire et droit interne, mais, il y a surtout une complémentarité, qui répond à une parfaite articulation entre la nécessité d'une parfaite harmonisation des règles d'accès et d'exercice d'une profession et des réalités historiques et culturelles qui sous-tendent la construction du droit africain.

Évidemment, nous ne pouvons, ici, poursuivre le débat[42].

[42] Il a été houleux entre magistrat et avocat, indique le journal quotidien Populaire n° 2917 du Mardi 18 août 2009, p. 4. Le secrétaire général de l'Ordre des avocats, Maître Mbaye Guèye, « Après le réquisitoire venu d'ailleurs, la parole est à la défense », répondait au magistrat Mandiaye Niang (article publié dans le journal « Le Quotidien ». A notre avis, le Règlement de l'UEMOA du 25 septembre 2014 a donné raison au magistrat qui, entre autres, dénonçait la condition d'âge maximum (50 ans) fixée par la nouvelle loi de 2009 pour s'inscrire au tableau des avocats. En outre, Monsieur Mandiaye NIANG avait évoqué la question des professeurs d'université pour améliorer la jurisprudence sénégalaise. Toutefois, le jeune et brillant Bâtonnier considère que nous sommes en face des personnes qui veulent obtenir des privilèges dans une nouvelle profession tout en refusant ou craignant de lâcher ceux qu'ils tiennent de la profession qu'elles exercent présentement. Effectivement, Maître MBAYE voit dans la fonction de professeur d'université un rapport de hiérarchie et de subordination. Or, il s'agit moins de privilèges et de rapport de subordination que du caractère universitaire des magnifiques professions d'avocat et de magistrat, c'est-à-dire le caractère complémentaire de la théorie et de la pratique, de l'application de la loi et de la recherche et la connaissance approfondie et critique de la matière. Hélas, le Doyen Carbonnier, qui présidait un jury de concours d'agrégation, disait combien le métier de philosophe donne l'essentiel : la liberté. Et de cette liberté dont il use alors, en enseignant à l'université de Besançon, dont il fut le doyen (endossant la robe portée jadis par Badinter) et où il créa et dirigea un « bulletin de jurisprudence comtoise », cf Matthieu BUCHBERGER, « Michel Germain : un juriste/philosophe », in : *Revue de droit d'Assas*, n° 11, octobre 2015, p. 6. Pourtant, à l'instar de Matthieu Buchberger (« Les nouvelles méthodes d'enseignement « présentiel », *Revue de droit d'Assas*, n° 11 octobre 2015, p. 21), ***ce sont les professionnels du droit, magistrats, avocats, universitaires, qui se plaignent d'un enseignement théorique, sourd aux besoins de la pratique*** ». Il s'y ajoute qu'autant que la loi s'en remet au juge pour son application aux cas concrets qu'elle régit, autant l'université doit s'en remettre aux entreprises, aux cabinets d'avocats, et plus généralement aux praticiens, dit ce professeur de droit, pour apprendre aux étudiants à devenir des professionnels (Revue de droit d'Assas, n° 8 octobre 2013, voir également le débat entre universitaires et praticiens sur l'enseignement du droit dans l'université, même revue, op. cit., p. 85).

En tout cas, comme le disait Einstein, « *la connaissance s'acquiert par l'expérience, tout le reste n'est que de l'information* »[43]. De même, martèle Matthieu Buchberger, « *Chercher à créer un lien entre la théorie et la pratique n'est pas une nouveauté*[44] ». Et il cite l'exemple romain. Effectivement, l'enseignement romain consistait à partir d'un cas concret pour en déduire une règle générale dont l'enseignant expose la teneur. Et cela permettait d'ancrer le cours dans le réel. Les étudiants ont d'autant plus envie de comprendre la règle qu'ils en ont saisi les enjeux[45]. Donc, faut-il en accroître l'efficacité en réduisant une formation jugée trop théorique dans des universités défiées par une hausse considérable des effectifs[46].

Cela dit, les conseils qui sont donnés aux apprentis en droit, sont valables pour les étudiants en master, comme aux doctorants et même aux candidats à l'agrégation en droit. En vérité, les enseignants en droit sont jugés sur la base des mêmes critères qu'ils jugent leurs étudiants en droit. Faut-il, à nouveau, préciser que de la première année à la fonction de professeur titulaire, le juriste est jugé selon les méthodes de pensée et de raisonnement en droit. C'est le degré d'appréciation de la rigueur scientifique qui évolue. C'est pourquoi si l'étudiant en droit respecte les conseils livrés depuis le premier cycle, et s'il acquiert les qualités intellectuelles nécessaires pour réussir son droit, il sera admis plus aisément à poursuivre des études de master, puis de doctorat, et quand il se spécialisera ou deviendra

---

[43] C'est un extrait du livre de Sophie Chiche et de Mark Samuel, *Petit éloge de la responsabilité*, op. cit., p. 119.

[44] Matthieu Buchberger, « Les nouvelles méthodes d'enseignement « présentiel », *Revue de droit d'Assas*, n° 11, octobre 2015, p. 21.

[45] Matthieu Buchberger, ibid.

[46] Ainsi s'exprime le Doyen honoraire Bernard Durand, « Entre liberté académique et Déontologie universitaire : des « franchises universitaires hors d'âge », op. cit., p. 85.

enseignant en droit, il pratiquera rigoureusement ou avancera assez facilement dans sa carrière.

Effectivement, nous privilégions, à travers cette contribution, la méthodologie en droit de la première année au master, mais aussi, s'agissant surtout du raisonnement en droit et de la maîtrise de la parole, nous pensons aux doctorants qui soutiennent leurs thèses et aux enseignants-chercheurs qui préparent l'agrégation pour avancer considérablement dans leur profession ou agrandir leur carrière.

Donc, « *il est certain que des écrits traitant de méthodes d'enseignement, d'expériences tentées, d'astuces, de conseils, sont susceptibles d'intéresser les enseignants, en particulier ceux d'entre nous qui commencent à exercer cette profession* »[47].

Il résulte de ce qui précède que le droit, c'est tout une mécanique. Tout est dans la manière de présenter. Le droit repose sur une logique scientifique ; donc la discipline exige une rigoureuse argumentation.

Cela étant, à l'instar de DUTHORT (E.)[48], à la question du « comment travailler dans les facultés de Droit ? », nous allons suivre le parcours de l'étudiant de la 1ère année de droit, du premier au troisième cycle. Au troisième cycle, il sera confronté à la difficulté d'élaboration d'un mémoire et, éventuellement, d'une thèse de doctorat[49].

---

[47] Propos confirmatif de Mathieu BUCHBERGER, « Des idées pour l'université » : introduction à la rubrique, in : *Revue de droit d'Assas*, n° 11 octobre 2015, op. cit., p. 20.

[48] L.G.D.J. 1994.

[49] Effectivement, tout le monde n'est pas destiné aux études de doctorat. Hélas, nous n'avons pas la même aptitude intellectuelle, et la recherche doctorale nécessite des moyens colossaux. Pour ce qui est de la thèse, nous conseillons de lire, notamment, *Comment sa réussir sa thèse ?* La conduite du projet de doctorat. Piere Romelaer et Michel Kalika, DUNOD, Paris, 2007.

Dans ces conditions, nous proposons de reconstituer la formation en droit, qui nécessite une recherche documentaire et une maîtrise des méthodes de pensée et de raisonnement en droit au 1er et au 2ème cycle (1ère partie) et, nous verrons, dans le cadre du 3ème cycle, la méthode du mémoire et de la thèse (2ème partie).

1ère PARTIE
LA MÉTHODE HABITUELLE DE TRAVAILLER DEPUIS LE PREMIER CYCLE

« *Connaître tous ses étudiants, s'intéresser à tous, n'en négliger aucun, fût-il moins doué ou plus apathique, encourager ceux qu'anime la passion d'apprendre, réveiller les somnolents, redresser les défaillants, tel est l'idéal du professeur* »[50].

En effet, beaucoup d'études ont été produites sur la question de la méthodologie en général, de la méthodologie juridique en particulier. Dans « *REUSSIR SON DROIT* », le Professeur Demba SY a élaboré un guide méthodologique relatif aux cours, travaux dirigés, exercices et la préparation aux examens[51].

Le professeur SY écrivait avec raison : « *Les immenses efforts déployés par les enseignants ne peuvent porter les fruits souhaités qu'à condition que l'étudiant soit non seulement animé d'une volonté sans faille de travailler, mais encore qu'il dispose d'un outil de plus en plus précieux qu'est l'organisation rationnelle de son activité universitaire* »[52].

---

[50] DUTHORT (E.), cité par Djibril SAMB dans son œuvre sur le manuel de méthodologie et de rédaction bibliographique, Harmattan, Paris, 2014.

[51] Une documentation d'abord sous forme de fascicule a été mise à la disposition des étudiants de la faculté des sciences juridiques et politiques. Ensuite, nous espérons que la publication de son ouvrage relatif à la méthodologie se réalise bientôt. Par conséquent, notre contribution s'adresse aux étudiants en droit pour apporter un concours mérité au professeur Demba SY.

[52] Idem.

A l'université, ce qui est exigé dans le cadre d'un mémoire ou d'une thèse, commence par la première année, d'où les conseils relatifs aux pratiques de recherches (1.1), recherches qui permettent de mener un raisonnement intellectuel, en particulier les méthodes de pensée et de raisonnement (1.2)[53].

1.1 Les pratiques de recherches

La recherche documentaire est un aspect fondamental de la première année de licence. La première condition à respecter strictement si l'on veut réussir son droit, c'est de *rompre définitivement avec la tradition lycéenne.*

En effet, au Lycée, l'élève a la coutume d'apprendre les cours par cœur et à les restituer. Or, l'université a pour objectif essentiellement de rendre l'étudiant autonome pour en faire une élite.

Donc, on peut dire qu'il entame le processus d'initiation à la réflexion. C'est pourquoi on attend de l'étudiant une réflexion originale, rigoureuse sous un style propre et respectueux des règles élémentaires d'orthographe, de grammaire et de conjugaison[54]. Dans ce cas, on détecte chez l'étudiant de la première année de droit les premiers signes de la qualité intellectuelle universitaire[55].

---

[53] Habituellement, les juristes proposent un plan à deux parties, deux titres, deux chapitres, deux sections, deux paragraphes, A et B, ainsi de suite : première partie, titre premier, chapitre 1, section 1, paragraphe 1, grand A, 1°, a, etc, puis deuxième partie avec le même processus. Toutefois, et seulement pour simplifier, nous avons procédé autrement, à savoir 1.1 et 1.2.
[54] Bien entendu, déjà en classe de terminale, la philosophie impose une telle attitude à la réflexion.
[55] Edith JAILLARDON et Dominique ROUSSILLON, *Outils pour la recherche juridique*, Editions des archives contemporaines et Agence universitaire de la francophonie, édition février 2008, p. 7.

Ainsi, il faut apprendre à lire les cours, à les synthétiser et les compléter avec des informations reçues des séances de Travaux dirigés, et d'autres sources légales, jurisprudentielles et doctrinales (relevées dans des ouvrages et des articles). En conséquence, l'amour de la recherche est inhérent aux études de droit ; il doit vous guider jusqu'à la fin de vos études en droit. Il est clair qu'on ne peut pas atteindre un certain niveau universitaire couronné de succès, si on ne lit pas beaucoup.

Bien entendu, l'importance des recherches se traduit par l'influence extérieure que nous subissons, et implique l'acquisition d'une forte culture juridique, une culture juridique nécessaire à l'accès aux métiers de droit[56].

Aussi la recherche est-elle nécessaire à la rédaction de travaux scientifiques remarquables, tels que le mémoire et la thèse. C'est également avec une culture juridique énorme qu'on réussit aisément l'épreuve d'exposé-discussion.

Cela dit, deux interrogations essentielles gouvernent l'étude des pratiques de recherches :

– d'abord, que faut-il chercher ?
– ensuite, comment chercher ?

Les fiches de TD l'indiquent et l'étudiant doit relire son cours magistral.

---

[56] Voir revue *le Droit et ses métiers*, Lamy 2008. Nous nous réjouissons de la création d'un Institut des métiers de droit à la faculté des sciences juridique et politiques, dont le premier directeur fut le professeur Abdoulaye SACKO. Nous espérons que cet institut développe, en plus des enseignements pratiques, la préparation aux examens et concours. Effectivement, nous avions toujours souhaité qu'un Institut d'études judiciaires fût mis en place. Etant considéré que nous avions été renforcé par l'Institut des études judiciaires de Montpellier pour faciliter notre entrée à l'école des avocats de l'Hérault.

Evoquons le cours magistral et les travaux dirigés (A) avant de dire quelques mots par rapport au travail de documentation et de donner quelques conseils pratiques (B).

A/ Le cours magistral et les travaux dirigés

Les travaux dirigés (TD) expliquent et complètent le cours. Dès lors, il est souhaité que les TD suivent le cours magistral, en l'expliquant et le complétant.

Cependant les TD peuvent porter sur des sujets non encore abordés dans le cours, dans la mesure où ils conduisent l'étudiant à effectuer des recherches et acquérir des connaissances, bien avant que le chargé de cours en parle. C'est alors de la paresse ou la faiblesse d'esprit que de retrancher derrière le retard du cours magistral pour se mettre en humeur noire et s'empêcher de travailler.

Les travaux dirigés sont assurés par des chargés de travaux dirigés, des enseignants du supérieur placés sous la direction du chargé du cours magistral[57].

1° Le cours magistral

L'enseignement est théorique. Le professeur n'est pas là pour faire un cours exhaustif. Il décrit son cours, décline les objectifs et indique ses méthodes, ainsi que les modalités d'évaluation.

En effet, l'enseignant est un agent simplificateur[58], qui n'invente pas, qui transmet un savoir, qui, simplement, donne des informations accessibles dans les livres, l'Internet facilitant les choses.

---

[57] Mireille POIRIER, « La galère des « vacataires » d'enseignement supérieur », in : *Le Droit Ouvrier*, novembre 2011, n° 760, p. 651.

[58] Il faut, dans un cours, aller à l'essentiel, dit le professeur Bernard DURAND, qui cite son collègue, Roger VIGNERON, qui considérait que le professeur est un agent simplificateur.

Effectivement, il ne peut enseigner toute la matière, il revient à l'étudiant de compléter son cours en s'initiant à la recherche. Le cours magistral est un ensemble simplifié d'informations, une série d'explications, qui guide l'étudiant, le cultive, le dote de connaissances pour former des compétences nécessaires à une spécialisation future. L'enseignant reprendra, de différentes manières, le même message pour permettre à ses étudiants de procéder aux bonnes prises de notes et les compléter par la suite[59].

S'il est nécessaire de satisfaire les prérequis et d'obtenir les connaissances fondamentales pour suivre le cours, effectivement, un support écrit est nécessaire. Aussi, le cours se déroule selon la méthodologie de la dissertation, du commentaire, voire du cas pratique, puisque l'enseignant, selon son domaine ou sa discipline (droit civil, droit constitutionnel, histoire du droit et des institutions...), réfléchit, raisonne et commente les éléments recueillis lors de ses recherches dans les livres et les documentations.

Rappelons que la réussite dépend en premier lieu de l'assiduité au cours magistral, qui doit être appris, en le lisant, le résumant et le complétant avec des informations tirées de la documentation, souvent indiquée par le chargé de cours. Comme à l'école primaire, il faut apprendre du jour au jour ses leçons. Néanmoins, en tant qu'adulte, il faut lire et relire son cours. A chacun son style, son moment d'inspiration, certains sont bien inspirés le matin, d'autres travaillent mieux le soir, d'autres retiennent bien quand ils sont entourés de bruit. Effectivement, « (...) *que votre style d'apprentissage soit mental, intuitif ou émotionnel, que vous ayez douze ou quatre-vingts ans – il y a autant de façons d'apprendre qu'il y a d'individus* »[60].

---

[59] Nous conseillons, pour les notes prises au cours, l'ouvrage d'Isabelle DEFRÉNOIS-SOULAU, *Je veux réussir mon droit*, op. cit., p. 16 et suivantes.
[60] Sophie CHICHE et Mark SAMUEL, op. cit., p. 115.

Il est reconnu de tous que l'esprit a besoin d'être aéré, en pratiquant le sport, et se développe en lisant beaucoup. Effectivement, le sport et la lecture constituent une grande source de préservation de la santé.

Évidemment, la pratique de la religion est, sans contrainte, une belle manière de s'équilibrer, de se maîtriser et de s'avancer humblement, si bien que cela vous permet de prévoir des plans de rétablissement, en cas d'échec. Aussi, dit Cheikh Hamidou KANE, « *Si un homme se justifie de Dieu, le temps qu'il prend à sa prière pour travailler est encore prière…* »[61]. Mais il faut toujours respecter les convictions des autres, la manière différente des autres de percevoir la vie[62] et éviter d'occuper les espaces universitaires[63], ceux-ci étant laïcs.

En outre, il est à regretter que les étudiants huent le professeur, parce qu'il ne dicte pas ou qu'il dicte trop rapidement[64]. Avec le baccalauréat ou un diplôme jugé équivalent, l'étudiant doit être en mesure de pouvoir prendre des notes. L'étudiant

---

[61] Cheikh Hamidou KANE, *Aventure ambiguë*, Julliard, 1961, p. 114 : la voix du Maitre de Samba Diallo.

[62] Amadou Hampâthé BÂ nous invite à aller à l'école du Caméléon, qui est un grand professeur. Ne croyez-pas que vous êtes le seul existant de la terre ; Quand il arrive dans un endroit, il prend la couleur du lieu ; Ce n'est pas l'hypocrisie ; C'est d'abord la tolérance, et puis le savoir-vivre ; Se heurter les uns et les autres, n'arrange rien ; Jamais, on a rien construit dans la bagarre ; La bagarre détruit ; Il faudrait toujours chercher à comprendre notre prochain ; Si nous existons, il faut admettre que lui aussi il existe.

[63] Les couloirs de la cité, ceux de la faculté, sont devenus des lieux de culte. Et les chefs d'établissement n'osent pas le dénoncer, la religion étant quelque chose de très sensible au Sénégal.

[64] Ne soyez pas l'étudiant qui tente d'apprendre mécaniquement des centaines de pages, sans comprendre, en comptant seulement sur sa mémoire. Il est hors de question d'assimiler une telle somme de connaissances en ayant recours seulement à la mémoire, cf Isabelle DEFRÉNOIS-SOULAU, *Je veux réussir mon droit*. Méthodes de travail et clés du succès., Dalloz, 11e édition, Paris, 2018, pp. 1 et 2

est *l'antichambre de l'élite*. Ainsi, il doit bien se comporter, s'habiller bien, avec des chaussures bien cirées, puisqu'il constitue une référence, qui devra réguler,à terme, la société avec un esprit élevé et vertueux. Hélas, aujourd'hui, cela constitue un idéal.

Justement quelques mots sur les franchises universitaires qui découlaient de la conception d'une université réservée aux adultes, aux personnes matures, ayant une grande expérience de la vie. L'histoire nous enseigne que le *populus academicus*, le monde universitaire, constitue un monde isolé en raison des franchises universitaires. C'est un corps autonome qui se particularise par des grèves corporatives (interruption d'activité). Qui plus est, les franchises universitaires offrent le droit aux membres de l'université, par exemple, d'échapper aux juridictions de droit commun, même en matière pénale. Ils étaient, en effet, justiciables de la juridiction de l'Eglise composée des membres de l'université[65].

Dès lors, la place de l'étudiant dans la société mérite quelques considérations, surtout face à la crise actuelle qui secoue le monde, à la pauvreté grandissante et à la reconversion des mentalités pour employer l'expression de Guy KOUASSIGAN. Il est donc important de voir comment l'étudiant doit contribuer au développement de la société. En se cultivant davantage, lisant beaucoup[66], s'informant densément, et participant aux activités pédagogiques et scientifiques (colloque, séminaire, conférence…), l'étudiant se fait une place honorable dans la société.

---

[65] Pour plus de détail, nous renvoyons à notre manuel sur *l'introduction historique au droit en Afrique*, Harmattan et Crédila, septembre 2011, p. 74.

[66] Pas de secret pour renforcer son niveau d'expression française, il faut lire beaucoup.

De même, en portant le costume du « sans force »[67], il a un rôle considérable à jouer dans l'animation culturelle et politique de la société. Au plan culturel, il participe aux activités théâtrales (qui renforce la prise de parole en public) et à celles des amicales d'étudiants. Au plan politique, il peut s'impliquer dans les activités citoyennes, même être membre d'un parti politique, mais en sachant raison garder et privilégiant l'intérêt général de la société.

Effectivement, les étudiants sont considérés comme une sorte de force politique contre les gouvernements africains. Ces derniers se méfient également des enseignants puisqu'ils peuvent favoriser l'emprise de l'étudiant sur la vie culturelle nationale. De fait, comme dit bien I. H. Ofusus Applials, « *les africains ne devraient pas considérer les critiques que leurs universitaires pourraient adresser à leurs gouvernants comme déloyales* »[68].

D'ailleurs, en mai 1968, une forte mobilisation des élèves et étudiants sénégalais, en particulier ceux de Dakar, traduite par une sorte de révolution, avait défié le gouvernement de Senghor. Le Gouvernement décida ainsi de fermer l'université. Les professeurs s'y étaient opposés arguant du fait que les étudiants n'étaient pas animés de mobiles politiques[69].

Bien sûr, pour permettre à l'étudiant d'occuper une telle place, la société, plus précisément ceux qui la gouvernent, doit créer les conditions d'études favorables, indispensables pour espérer par la suite une vie meilleure.

---

[67] L'expression est d'Amadou Hampâté BÀ , *Oui mon Commandant*, Actes Sud, 1994, p. 33.

[68] Ofusus Applials, « Réflexions sur les universités africaines », in : Présence africaine, 1er trimestre 1961, p. 74 ; voir également notre article sur « La mise en place de l'enseignement du droit au Sénégal », op. cit., p. 263..

[69] Magatte LÔ, ancien ministre, *Syndicalisme et participation responsable*, Mémoires africaines, l'Harmattan, Paris, 1987, p. 38, cf notre étude sur la mise en place de l'enseignement du droit au Sénégal, ibid.

Cela étant précisé, après quelques semaines de cours magistral, les travaux dirigés commencent.

2° Les travaux dirigés

Rappelons que le but de la faculté est d'initier les étudiants aux principes et au raisonnement juridiques et de leur inculquer des connaissances générales. Les étudiants peuvent amorcer une spécialisation dans le choix des matières de travaux dirigés, en se prononçant pour tel ou tel cours à option[70].

Le choix des matières à travaux dirigés est difficile pour un étudiant de la première année au moment de l'inscription. En effet, vous devez choisir deux matières parmi les trois suivantes, Droit constitutionnel et institutions politiques, Introduction à l'étude du droit (droit des personnes et de la famille, au second semestre) et Histoire comparée des institutions. Aussi, à compter de l'année universitaure 2020-2021, l'étudiant peut cocher travaux dirigés en science politique, dès la première année de droit.

Puis, en deuxième année, l'étudiant aura à choisir entre la discipline du droit et celle de la science politique ; ensuite en droit, entre droit administratif, finances publiques, droit des obligations et droit pénal.

Nous conseillons aux apprentis juristes, qui viennent d'arriver, de recueillir plusieurs avis, et surtout de suivre pour quelques jours les enseignements liés à ces matières, avant de décider. Et il faut décider en s'écoutant. Une fois la décision prise, il ne faut surtout pas regretter, car toutes les disciplines sont très utiles et vous serviront énormément, à l'avenir, dans votre métier de juriste.

---

[70] Voir notre étude sur la mise en place de l'enseignement du droit au Sénégal, in : *Le Juge et l'Outre-mer*, Tome 7, 2014, p. 260.

Normalement, pour chaque séance de travaux dirigés, le chargé de TD vous remet une fiche ou un document de travail distribué quelques jours plus tôt, pour vous laisser un délai de recherches assez important.

Les chargés de travaux dirigés (TD) ont la mission de vous indiquer les objectifs de vos travaux, leur consistance et la méthodologie à suivre. Un bon chargé de travaux dirigés respecte ses étudiants, et s'abstient de les tutoyer. Mais il doit, après avoir pris connaissance avec le groupe, en présentant sa formation, son expérience, ses travaux, indiquer ses disponibilités en dehors de ses heures de cours (son bureau, son adresse mail, peut-être pas son téléphone[71]).

Le chargé de TD aide les étudiants à comprendre le cours situé dans un programme déterminé, rappelle les étapes du cours et permet aux étudiants de poser des questions. S'il n'a pas de réponses, il promettra d'y revenir à la prochaine séance avec des éléments consistants. Ainsi, l'étudiant percevra l'humilité de son enseignant et sa grande honnêteté. En outre, à la fin des séances de travaux dirigés, il rappellera les modes d'évaluation et la manière de se préparer pour réussir l'examen, en précisant que le but n'est pas de piéger l'étudiant, mais de vérifier qu'il a bien compris le cours et les méthodes de raisonnement[72].

Nous avons pensé reproduire ici cet enseignement de Thierno Bokar Salif TALL « : « *Parlez aux gens à la mesure de leur entendement. Certains restent éternellement jeunes, et d'autres sont vieux dès leur naissance. Ceux qui restent jeunes,*

---

[71] Etant considéré que les étudiants peuvent en abuser, et la prudence est de mise.

[72] Bien entendu, la création d'un centre d'études et de formation en enseignement supérieur est toujours souhaitée.

ce sont ceux qui comprennent facilement et qui retiennent tout. Quant aux « vieux de naissance », ce sont ceux qui ont le plus grand mal à retenir et à comprendre. Mais pour chacune de ces sortes de personnes, il existe un moyen de leur parler »[73].

Par conséquent, il n'est pas question d'une indulgence avec les étudiants, mais il faut un investissement considérable pour les aider à comprendre ce que vous avez compris, souvent plusieurs années plus tard.

A nouveau, nous regrettons qu'à ce savoir-faire des chargés de travaux dirigés ne vient pas s'ajouter l'expérience des avocats et des magistrats, notamment. Pourtant le système LMD (licence, master, doctorat) est un type d'enseignement nécessitant une grande ouverture sur le monde professionnel, susceptible de favoriser le dialogue avec les facultés de droit, en conférant des stages aux étudiants en droit, déjà à partir de la deuxième année de droit, comme à la faculté de médecine[74]. Cette association des praticiens à la formation des apprentis juristes a été, à nouveau, magnifiée par le Doyen Mamadou BADJI dans son étude en ces termes :

---

[73] Enseignement de Thierno Bokar rapporté par Amadou Hampâté BÀ , *Oui mon Commandant*, op. cit., p. 446, qui, effectivement, tire son enseignement de la parole du Prophète Mohamed : « Parlez aux gens à la mesure de leur entendement », ajoute l'auteur Amadou Hampâté BÀ , ibid., p. 454.

[74] Egalement, il convient d'adosser la manière d'enseigner à l'école de l'exégèse, ce qui permet d'ouvrir l'objet de l'enseignement du droit progressivement aux nécessités sociales pour faire en sorte que les futurs praticiens (avocats et juges pour l'essentiel) sachent manier les codes, à l'instar de la manière d'enseigner au 19ème siècle, voir à ce sujet, Mamadou BADJI, « Ecriture et enseignement du droit », in : *Ecriture du droit*, op. cit., p. 113.

« (...) *les étudiants devraient travailler à intervalles réguliers, dès leurs premiers jours au sein de l'école de droit et sous le contrôle de leurs professeurs, dans des cabinets d'avocats soigneusement choisis et dont les membres, qui superviseraient leur travail, seraient étroitement associés à la formation des apprentis juristes* »[75].

La première fiche remise aux étudiants est souvent une fiche de présentation, de méthodologie et de bibliographie générale[76]. Généralement, la fiche des travaux dirigés mentionne le ou les thèmes de la séance, ainsi que diverses indications susceptibles d'orienter le travail de recherche des étudiants. Elle comporte souvent une note d'informations, une description des documents reproduits, des orientations bibliographiques et le travail à accomplir, c'est-à-dire l'exercice à faire.

Bien sûr, les fiches sont construites de manière à permettre aux étudiants d'acquérir progressivement les techniques juridiques et de se familiariser avec les diverses notions de droit. Une séance de TD bien préparée, est un gage incontestable, dans une large mesure, de réussite du semestre, puisqu'en suivant les conseils de la fiche, en lisant les documents proposés et en effectuant les recherches complémentaires, l'étudiant augmente ses connaissances et va au-delà du cours magistral.

En effet, préparer une séance de travaux dirigés consiste, d'abord, à lire le travail qui a été proposé, un sujet de dissertation, un cas pratique ou un commentaire de texte, et, après avoir compris, l'analyser et dégager le problème juridique. De toute

---

[75] Mamadou BADJI, « Ecriture et enseignement du droit », in : *Ecriture du droit*, op. cit., pp. 136 et 137, qui s'appuie sur l'étude de J. FRANK, « Why not a clinical lawyer-School ? », 81 U.Pa. L. Rev. 907, 911 (1932-1933), p. 920.

[76] La bibliographie est un ensemble de références d'ouvrages, d'articles, de textes de lois ou de jurisprudences, présenté de façon ordonnée relativement à un sujet ou à un domaine particulier. Nous y reviendrons plus loin.

manière, si on sait ce que l'on veut démontrer, il devient possible et rapide de trouver les éléments de réponse au problème posé. Ceci est valable pour le doctorant, et même pour le candidat à l'agrégation.

D'ailleurs, il est conseillé d'assurer plusieurs années de séances de travaux dirigés avant de se présenter à l'agrégation. C'est dire que le travail intense des enseignants dans les travaux dirigés est une bonne stratégie de préparation à l'agrégation. Il est alors permis de regretter le fait de précipiter le doctorat, la rédaction d'articles pour se présenter à l'agrégation. Évidemment, la réussite est possible, mais la rigueur scientifique peut manquer et constituer terriblement une lacune difficilement remédiable durant la carrière du jeune agrégé[77].

En effet, nous reconnaissons que face à la rareté des postes à l'université, de nombreux enseignants ont subi la galère des vacations avant d'être recrutés. Sur la question des « zombis », Mireille Poirier a fait une belle étude sur la galère des « vacataires » d'enseignement supérieur, en dénonçant leur précarité extrême, ni agents-non titulaires de l'Etat, ni soumis aux dispositions du Code du travail[78].

---

[77] Le concours d'agrégation est une voie de recrutement d'enseignants de rang A. A ce niveau, la personnalité de l'enseignant est bien appréciée, son humilité, son sens de l'équilibre, sa simplicité, sa vocation, ses qualités de bon orateur et sa capacité à séduire par des démonstrations bien étayées (un fil conducteur est nécessaire, comme la densité ou la richesse des informations). Effectivement, la parole doit être claire, variée et audible (c'est-à-dire perceptible). Au fond, c'est exactement ce qu'on attend des étudiants, depuis la première année, la cohérence (une idée forte qui débouche sur une autre), la vitalité (un raisonnement vivant, avec des exemples qui permettent de créer le détachement) et la démonstration (en montrant que cette idée, cet exemple, ce raisonnement vient démontrer quelque chose). En bref, la rigueur scientifique, c'est la somme de la densité et de la cohérence, de la vitalité et de la démonstration. C'est ainsi que se dégage la qualité intellectuelle.

[78] Mireille POIRIER, op. cit., pp. 653 et 654.

Revenant aux travaux dirigés, par exemple, si le sujet porte sur la spécificité de la règle de droit, c'est-à-dire ce qui fait la particularité de cette règle, la distinguant des autres règles qui organisent la vie en société, la recherche dans les textes de lois, les décisions de justice, les livres, les articles et autres documents, le travail consistera à relever les idées ou arguments qui permettent d'identifier la règle de droit par rapport aux règles qui, comme elle, déterminent la conduite humaine au sein de la société.

Autre exemple, en lisant le cas pratique, qui repose essentiellement sur la qualification juridique, à savoir indiquer à quel élément ou domaine du droit correspondent les faits relatés, on perçoit un problème juridique, du genre, à quelle condition on peut prouver par témoignage l'existence d'un contrat de prêt de cent mille (100 000) francs FCA[79].

Ensuite, le travail, c'est de relier les informations reçues, en les ordonnant en fonction de la réponse au problème. Nous reviendrons sur les méthodes de pensée et de raisonnement.

Qu'il nous soit permis de regretter, ici, la situation des travaux dirigés en histoire du droit et des institutions, si bien que le nombre d'étudiants qui choisit la matière d'histoire du droit diminue de plus en plus, et les nouveaux bacheliers sont désorientés.

---

[79] Isabelle DEFRENOIS-SOULEAU, op. cit, p. 9. L'auteur a donné un exemple simple et très pédagogique. Ainsi le cas d'une personne qui souhaiterait installer sa famille dans la grande maison de ses parents, après la mort de son père ; mais sa mère ne veut pas quitter cette maison pour un appartement plus petit. Dans cette histoire, la qualification juridique consiste à considérer que la mère est un conjoint survivant, donc une héritière des biens du défunt. Il s'en dégage le problème juridique suivant : la mère a – t- elle le droit de rester dans la maison jusqu'à sa mort ? Or, légalement le conjoint survivant peut choisir, en droit français, d'hériter l'usufruit de la succession, c'est-à-dire garder l'usage et la jouissance des biens jusqu'à sa mort. Donc, la solution est que la mère peut rester dans la maison si elle le souhaite jusqu'à sa mort.

Hélas, le pragmatisme du droit, le business et la « politisation du droit » font que la discipline d'histoire du droit est reléguée au second plan, pour ne pas dire perçue comme étant archaïque, dépassée, inutile, lourde et encombrante. D'ailleurs, elle n'offre aucun débouché si ce n'est la carrière d'enseignant, le poste d'enseignant-chercheur, étant, oh combien, très rare.

Egalement, les juristes positivistes qui, au moins, ont compris la nécessité de reculer pour mieux expliquer le phénomène juridique, s'engouffrent dans l'histoire pour enrichir leurs réflexions et développements qu'appelle la problématique de la vie en société, à travers, notamment le pouvoir politique et les droits fondamentaux de la personne humaine, ainsi que les affaires et le statut de la terre. Dès lors, il est inutile de recourir à un historien du droit pour apporter le témoignage de l'évolution du phénomène juridique.

Mais, c'est l'histoire qui permet de connaître la position du problème dans le passé, en indiquant les recherches et les réflexions qui ont été menées pour dégager des conclusions ou perspectives de solutions. Dès lors, l'historien du droit se charge de démontrer l'évolution du phénomène juridique, ce qui permet de bien poser les problèmes contemporains et de maitriser la trajectoire de la vie en société. Il a l'avantage de connaître le droit positif et pour éclairer celui-là, il explique pourquoi et comment la règle de droit a été élaborée. Et pourquoi toute réforme envisagée doit être relativisée. C'est lui qui apporte la preuve que le droit ne peut être détaché du vécu social, de la croyance des individus qui composent le milieu.

Pour toutes ces raisons, il est à la base de la formation du juriste.

Nous regrettons, donc, que la formation se traduise par une accumulation des connaissances et non par une élévation de l'esprit, de la grande vertu intellectuelle, d'une parfaite maîtrise du contexte culturel africain. Partant, nous avons une garantie contre la dégradation des valeurs de la société.

Par ailleurs, même avec le peu qui reste, des attitudes malheureuses et dépourvues d'éthique décrédibilisent la discipline. Et c'est grave lorsque ce fait est imputable à des représentants de l'Amicale, qui préparent l'élection ou à d'autres personnes qui ne sont pas neutres. Nous en voulons pour preuve les témoignages des nouveaux étudiants, ceux de la licence et du master, ainsi que des doctorants, qui précisent que lorsqu'ils sont arrivés à la faculté, des personnes leur ont déconseillé de choisir l'histoire, ajoutant que c'est du passé, qui n'apporte rien à l'avenir, et qui ne favorise pas la réinsertion professionnelle.

Incontestablement, à tous les niveaux de l'enseignement en droit, licence, master et doctorat, le programme d'enseignement ne peut être assuré à suffisance, si la place de l'histoire du droit est nulle. Bien évidemment, les prises en compte du contexte historique dans les matières de droit positif ne suffisent pas. Il faut, alors, et forcément, introduire des enseignements en histoire du droit pour renforcer la culture juridique, qui permet de maitriser l'épreuve d'exposé-discussion.

Ainsi, en 1984, le Président de la République du Sénégal propose, dans le cadre de la formation des maîtres es-sciences juridiques. un programme des enseignements et les modalités de contrôle des aptitudes et des connaissances dans la Faculté des Sciences juridiques, comportant l'histoire des institutions (notamment, Egypte, Rome, Arabie, Royauté africaine et Etat colonial)[80], l'histoire des institutions publiques et privées de l'Afrique, l'histoire du droit privé, Anthropologie politique et sociale, droit coutumier, droit musulman...

[80] Décret n° 84-1178 du 13 octobre 1984, journal officiel de la République du Sénégal du 24 novembre 1984, p. 756.

Malheureusement, les facultés de droit emportées par une pléthore d'étudiants et la pénibilité de la gestion du nouveau système, pour alléger, se débarrassent des disciplines fondamentales de l'histoire du droit, qui ne « servent à rien », encombrent la faculté et rendent la vie difficile aux étudiants[81].

En effet, il importe de faire remarquer le système LMD a eu comme conséquences, entre autres, de repousser, voire annihiler la méthode du commentaire d'arrêt. Or, il ne peut être contesté que la méthode du commentaire de texte des historiens ouvre l'esprit et facilite largement la maitrise du commentaire d'arrêt[82]. D'ailleurs, nous recommandons de développer la méthode du commentaire d'arrêt dès la première année de licence. Effectivement, les historiens du droit ont une bonne réputation en matière de commentaire de texte.

Il résulte de ce qui précède que la séance de TD permet à l'étudiant de réviser régulièrement son cours magistral et de développer les réflexes d'un chercheur. Il est donc important de participer aux séances de TD. D'ailleurs, la présence aux TD est obligatoire. Trois absences non justifiées empêchent l'étudiant d'avoir une note de TD, par conséquent de réussir son semestre, si bien que s'il ne valide pas une unité d'ensei-

---

[81] Effectivement, nous pouvons revenir sur l'exemple de la faculté des sciences juridiques et politiques, qui avait supprimé en 2016 des matières essentielles d'Histoire du droit, Histoire du droit des obligations, Histoire des institutions publiques et privées, Histoire du droit des personnes et de la famille étant déplacée au master, contrairement aux dispositions du décret de 1984 précité. Il était très dommage que le motif invoqué pour supprimer ces matières ait été ***le retard des délibérations***, eu égard à la massification. Bien sûr, la quête de l'argent domine le monde, et minimise le savoir contre la pauvreté. Alors qu'il faut, d'abord, se cultiver, se former solidement pour se garantir une meilleure spécialisation.

[82] A propos du commentaire, le Professeur Samba TRAORE l'assimile au maniement du citron pour relever le goût du repas, plus précisément l'utilisation du citron et de son jus. C'est dire qu'après l'analyse du texte, qui a permis de dégager les idées, on peut poser le papier, comme on fait avec le citron après avoir pressé le citron jusqu'à obtenir le jus.

gnement comportant cet élément constitutif, il ne peut pas être autorisé à s'inscrire en année supérieure.

À juste titre, les travaux dirigés et le cours magistral constituent une unité d'enseignement fondamentale de chaque semestre de la licence en droit.

En tout état de cause, l'étudiant doit être apte à la recherche pour mettre en pratique les méthodes de raisonnement et de pensée en droit. Cette aptitude à la recherche est appréciée en fonction des multiples étapes du travail de documentation.

B/ La documentation, les sources et le traitement documentaire

« *Le droit est dans les livres* », souligne Isabelle DEFRÉNOIS-SOULEAU[83].

D'abord, en quoi consiste la documentation (1), puis les sources et le traitement documentaire (2).

1° Le travail de documentation

La documentation, c'est l'action de se documenter, le fait d'obtenir plusieurs documents dans le cadre d'une recherche. Elle constitue, également, un service qui assure la collection et la diffusion de documents. C'est, en effet, une fonction exercée par des documentalistes.

Le document, quant à lui, est défini comme un ensemble formé par une information et un support tel qu'il puisse être lu par l'homme et/ou par la machine[84].

---

[83] Isabelle DEFRENOIS-SOULEAU, op. cit., p. 65.

[84] Adel JOMNI, Introduction à la recherche documentaire, Licence 1 – Droit, Département Informatique et Ressources Multimédia (DIRM), UFR Droit, Montpellier I, 2005, cours inédit. Dans le même sens, nous conseillons de lire Jean-Louis LOUBETDEL BAYLE, *Initiation pratique à la recherche documentaire*, L'Harmattan, 1997.

Le document est qualifié de multimédia lorsqu'il est constitué de plusieurs formes d'informations, notamment texte, audio et vidéo.

L'étudiant doit connaître les principaux concepts utilisés et pouvoir trouver des documents à partir de références fournies par les enseignants. Il doit faire un travail de sélection à partir d'une masse de documents.

Bien évidemment, il lui faut trouver des textes de loi, des extraits de doctrine et des décisions de justice pour réussir son exposé, pour élaborer un commentaire d'arrêt ou pour traiter un cas pratique.

Donnons des exemples de documents textuels et de documents non textuels.

a/ Des documents textuels[85]

Monographie[86] : un ouvrage qui procède à une analyse compréhensive d'un sujet précis, par exemple les régimes matrimoniaux, et qui est identifié par un numéro ISBN (International Standard Book Number), exemple ISBN 2-84177-410-7.

Collection : une série d'ouvrages de même genre ou de même nature ou une suite de divers numéros d'une publication de journaux ou de périodiques. La collection apparaît sous un numéro ISSN (International Standard Serial Number).

Périodiques et revues : des publications en séries, dotées d'un titre unique, d'articles répertoriés dans un sommaire et se succédant chronologiquement à des intervalles réguliers.

---

[85] Parmi lesquels on peut citer les publications officielles (des documents édités ou publiés sous la responsabilité du gouvernement ou des organisations internationales, comme l'OIT) et les actes de congrès ou des comptes rendus de communications scientifiques (colloques ou séminaires).

[86] Mono signifiant en grec un, cf Isabelle DEFRÉNOIS-SOULEAU, *Je veux réussir mon droit,* op. cit., p. 86.

Précis : des ouvrages relatifs à une matière déterminée sous forme de cours détaillé, avec une bibliographie approfondie. Ainsi, par exemple, nous pouvons citer les précis Dalloz.

Traité : un ouvrage écrit par un ou plusieurs auteurs qui développent, avec une analyse rigoureuse, sur un thème déterminé, et composé souvent de plusieurs volumes[87].

Manuel : un ouvrage à vocation pédagogique, qui offre aux étudiants une information complète, accessible sur un sujet donné, d'où des chapitres correspondant à des leçons. Il est plus maniable que le traité.

Mémento : un ouvrage rédigé par un ou plusieurs enseignants sur une matière juridique donnée. C'est une sorte d'abrégé des principales analyses jurisprudentielles et doctrinales[88].

Thèse : un document qui présente une recherche scientifique pour l'obtention d'un titre universitaire, le doctorat. C'est une idée remarquablement formulée par un auteur sur une question de droit.

Mélanges : un ouvrage qui réunit plusieurs études spéciales ou articles écrits par divers auteurs en l'honneur d'un de leurs maîtres[89]. Ainsi vont bientôt paraître les mélanges de nos Maîtres, entre autres, Abdel Kader BOYE, Demba SY, Bernard DURAND, Ndiaw DIOUF, Isaac Yancoba NDIAYE, ainsi que notre regretté Dominique SARR[90].

---

[87] Isabelle DEFRÉNOIS-SOULEAU, ibid., p. 77, qui donne les exemples du Traité d'AUBRY et Rau, Cours de droit civil, de celui de Duguit en droit constitutionnel, de JEZE en droit administratif et du traité pratique de droit civil français de Planiol et Ripert.

[88] Pour plus de détails sur les traités, manuels, précis et mémentos, voir Isabelle DEFRÉNOIS-SOULEAU, ibid.

[89] Isabelle DEFRÉNOIS-SOULEAU, ibid., p. 86.

[90] Bien entendu, et tant d'autres, professeurs Babacar GUEYE, El Hadj MBODJ, Amsatou Sow SIDIBE.....

A cela s'ajoutent, notamment le Journal officiel qui reçoit les textes de lois du Sénégal[91], et les décisions de justice qui ne sont pas régulièrement publiées[92], et constituent la jurisprudence sénégalaise..

b/ Des documents non textuels

Iconographique : image, photographie et diapositive[93].

Internet[94] : International Network, un réseau informatique mondial de production et de diffusion de l'information[95].

Ethernet : Norme de communication ou de transmission utilisée dans les réseaux locaux, reposant sur un câble (exemple coaxial ou fibre optique) et autorisant des transferts de 10 Mbits/s, 100 Mbits/s ou 1 Gbit/s.

Rappelons que si l'Internet se présente sous le signe d'une source inépuisable de renseignements, d'accès à de grandes bibliothèques du monde et de commande de documents par courrier électronique, il comporte parfois un contenu peu fiable, en raison de la diversité de l'information et de la liberté de création de site (sérieux ou bidon). Néanmoins, il faut faire confiance aux sites officiels, comme www.legifrance.

---

[91] Une fois publié, le texte entre en vigueur et on dit *nul n'est censé ignorer la loi*, « *Nullum censare ingorare legum* ».

[92] Il faut toutefois avouer que la Cour suprême du Sénégal diffusait régulièrement ses arrêts dans un bulletin dit des arrêts de la Cour suprême. D'ailleurs, elle dispose en son sein d'un centre de documentation.

[93] Il y a aussi un aspect **sonore** (enregistrement magnétique), **audiovisuel** (films, diaporamas) et **électronique**.

[94] Sur ce point, nous tenons à remercier le professeur Samba NDIAYE, professeur d'informatique à la faculté des sciences et techniques de l'Université Cheikh Anta Diop de Dakar.

[95] **Réseau** est un ensemble d'ordinateurs interconnectés, permettant l'échange d'informations et le partage des ressources. Le support de liaison est une technologie permettant de connecter les ordinateurs entre eux (câble, coaxial, fibre optique, Wifi, Wimax, satellite, ..).

2° Des sources documentaires, du traitement documentaire et quelques conseils pratiques

Les documents peuvent être recherchés dans des sources différentes. Lorsqu'ils sont trouvés, ils doivent être exploités, traités.

a/ Des sources documentaires

Les sources documentaires de l'étudiant en droit sont principalement constituées par la Salle de travail de la faculté des sciences juridiques et politiques de Dakar[96], la BU[97], les bibliothèques du CREA et du CREDILA[98], celles de

---

[96] Au dernier étage du bâtiment des Amphi A et B.

[97] Bibliothèque universitaire dont les heures d'ouverture sont indiquées à l'entrée.

[98] Cf notre étude sur la mise en place de l'enseignement du droit au Sénégal, op. cit., p. 261. En effet, il est difficile de détacher la fonction d'enseignement de celle de la recherche. Ainsi, le CREDILA (centre de recherche, d'étude et de documentation sur les institutions africaines) a été fondé en 1960 pour faire face aux besoins nés de la diversité des législations en vigueur en Afrique. Cette grande variété de législations constitue une difficulté majeure pour la connaissance des institutions africaines. Le centre est chargé de réunir tout ce qui est susceptible de favoriser les recherches en matière juridique, administrative, politique et économique. Mais le centre ne s'est pas limité à être un dépôt de textes et de documents. Il est destiné essentiellement à faciliter la connaissance des problèmes africains, et la tâche qui lui a été assignée comporte un travail de synthèse à deux degrés, sur le plan de la documentation (de tous les Etats de l'Afrique noire ex française) d'abord, sur celui des études et des recherches, ensuite sur les travaux méthodiques de synthèse portant sur la comparaison des droits (cf Annales africaines de l'Université de Dakar 1971 – 1972, Faculté des sciences juridiques et économiques de Dakar, Paris, 1973, po II 4° 104, p. 177). Les recherches effectuées par ce centre ont abouti à la création d'une collection d'ouvrages consacrée aux divers problèmes contemporains de l'Afrique contemporaine. (Ex : paru en 1961, une étude sur le droit public du Sénégal par MM. GAUTRON et ROUGEVIN BAVILLE).

l'IFAN[99] et des Archives Nationales du Sénégal[100].

Il existe des banques de données en ligne, des sites institutionnels et des sites privés des dictionnaires et encyclopédies. Il en est ainsi notamment :

– Google books (livres entiers ou certaines parties)[101] ;
– Gallica bnf ;
– Sudoc abs ;
– www.ohada.com : textes, jurisprudence et doctrine sur le droit OHADA ;
– www.droit-afrique.com: informations textuelles et jurisprudentielles sur le droit africain ;
– www.jo.gouv.sn : journal officiel du Sénégal ;
– www.uemoa.org : informations institutionnelles et textuelles sur l'UEMOA ;
– www.ohada.org : informations institutionnelles et textuelles sur l'OHADA ;
– www.cairn.info ;
– www.ohadalegis.com ;
– www.institut-idef.org ;
– www.afrikinfo.com ;
– www.fr.allafrica.com ;
– www.lexeek.com ;

Voir également, Annales africaines de l'Université de Dakar 1971-1972, Faculté des sciences juridiques et économiques de Dakar, édition A PEDONE, 1973, PO II 4° 104, Page 177. Mais avec l'arrivée du professeur Durand à la faculté de droit de Dakar, un ouvrage sur l'histoire comparée des institutions sera publié par les Nouvelles éditions africaines en 1983 pour pallier le manque cruel de documentation en droit africain.

[99] Ces bibliothèques sont effectivement situées dans le secteur de l'UCAD.

[100] Immeuble Central Park, 2ème étage, avenue Malick SY x Autoroute, Dakar.

[101] Pour chercher des personnages, il est conseillé d'aller dans le site de BORA d'archives privées.

– www.legifrance.gouv.fr ;

– http://www.conseil-constitutionnel.fr (site du conseil constitutionnel français) ;

– http://www.lamyline.com ;

– http://www.dalloz.fr ;

– http://www.droitenligne.com ;

– http://www.dictionnaire-juridique.com ;

– http://www.larousse.fr ;

– http://www.universalis.fr (pour l'encyclopédie) ;

Les documents trouvés doivent, pour servir à l'étudiant, être traités.

b/ Du traitement documentaire

Le traitement documentaire comporte deux étapes : l'établissement d'une notice ou fiche bibliographique et l'analyse documentaire.

La notice ou la fiche bibliographique consiste à relever sur un document l'ensemble des informations, permettant de répondre à la question de la recherche, en commençant par le nom de l'auteur, le titre, l'éditeur et l'année d'édition, le nombre de pages et le numéro international normalisé (ISBN ou ISSN). Ce qui permettra de constituer une note en bas de page et une bibliographie correcte. Donc, ce conseil s'adresse aux doctorants et aux enseignants-chercheurs[102].

La constitution d'une notice bibliographique est facilitée par le catalogue, la cotation et l'index.

Le ***catalogue*** est un ensemble de notices bibliographiques d'un centre documentaire, rédigées et classées selon des principes normalisés. Il suppose une cotation manuelle ou informatisée pour la localisation des documents.

---

[102] Comment effectuer la recherche bibliographique ? Voir Michel BEAUD : L'art de la thèse, La découverte, 2006, p. 38.

La ***cotation*** est une opération d'attribution d'une cote à un document. Elle détermine la place du document dans la bibliothèque.

L'***index*** est un mécanisme de localisation de termes et de thèmes dans un document. Il est essentiellement alphabétique et facilite l'élaboration d'une fiche bibliographique en ce sens qu'il comporte des points de recherches, des thèmes, des sujets ou des mots clés.

Quant à ***l'analyse documentaire***, elle présente de façon concise le document et consiste à en extraire les idées maîtresses répondant à la problématique de la recherche. C'est un résumé qu'il faut faire et une indexation qu'il faut établir, en se basant sur un certain nombre de concepts liés au thème de la recherche.

c/ Quelques conseils pratiques en matière de recherche documentaire

Plusieurs conseils peuvent être dégagés pour une bonne recherche documentaire. Et nous corroborons les bons conseils du professeur Demba SY[103].

D'abord, pour rechercher utilement, il faut savoir ce que l'on recherche. Pour cela, il faut définir son sujet, poser sa problématique car il s'agit, au fond, de chercher des éléments de réponse à la question principale posée. Par conséquent, il faut avoir une idée générale qui vous conduit au chapitre du cours dans lequel ce sujet s'intègre. Pour cela, prenez votre cours et votre manuel. Lisez ce qui concerne le sujet et les développements qui l'encadrent. Pour localiser les développements touchant le sujet, il faut consulter non seulement la table

[103] Demba SY, op. cit.

analytique, mais encore la table alphabétique du volume. Ensuite, il faut lire les textes et les décisions de justice (pour connaître la jurisprudence). Les mêmes conseils ont été donnés par Isabelle DEFRÉNOIS-SOULEAU qui précise que la réflexion sur le sujet est une étape capitale, et qu'il faut situer la question dans l'ensemble de la matière (cours et manuel)[104].

Ensuite, pour chercher utilement, il faut toujours consulter l'édition la plus récente d'un ouvrage. En effet, l'ouvrage le plus récent contient les renseignements les plus neufs, donc les plus complets et les plus précieux[105]. Pour la même raison, quand vous n'avez pas le temps d'examiner tout ce qui a été écrit sur le sujet et que vous n'avez pas d'indication précise sur la valeur respective de ces études, choisissez la plus récente[106].

Par ailleurs, pour bien exploiter les documents trouvés, il faut procéder au dépouillement en établissant autant de feuilles séparées qu'il y a de questions distinctes : une feuille par question, et n'hésitez pas à multiplier le nombre des questions. Il ne faut surtout pas noter sur la même feuille des passages extraits d'ouvrages différents : il faut donc prévoir une feuille par question et par ouvrage. Cela représente beaucoup de papiers utilisés. Sans doute, mais c'est indispensable. Réduisez d'ailleurs le format de vos feuilles, afin qu'une grande page ne risque pas de contenir seulement deux ou trois lignes. Si vous retrouvez deux fois de suite des développements équivalents, il est inutile

[104] Isabelle DEFRÉNOIS-SOULEAU, *Je veux réussir mon droit*, op. cit., p. 67.

[105] op. cit. renvoie au document déjà cité et référencé, pour éviter de tout reprendre, puis on note la page consultée. Idem : c'est lorsqu'on cite le même document au même endroit, il est donc inutile de noter la page à nouveau.

[106] Voir également, Isabelle DEFRÉNOIS-SOULEAU, ibid., p. 69.

cette fois d'établir une nouvelle feuille : contentez-vous, sur la première, de porter : Id. : tel auteur.

Laissez une marge pour y noter brièvement les réflexions que suggère le passage relevé. N'écrivez que sur l'un des côtés de la feuille, afin de pouvoir, si c'est nécessaire, en découper, par la suite, un fragment pour le réunir à une autre partie de votre documentation. En haut de chaque feuille, portez d'abord la question à laquelle se réfère le passage résumé qu'elle contient ; ensuite l'ouvrage d'où ce passage est extrait avec l'ensemble des références bibliographiques afin de pouvoir le retrouver facilement.

Pourquoi est-il indispensable de procéder de cette manière ?

D'abord, disait professeur SY, parce que, quand vous rédigerez votre exposé, vous serez contraint, en abordant chacune des questions qui le composent, de revoir les notes prises à son sujet. Il faut donc que vous puissiez réunir toutes ces notes rapidement, sans être obligé chaque fois de les chercher dans l'ensemble de votre documentation. Ensuite, l'établissement du plan se trouve grandement facilité : en consultant l'intitulé de vos feuilles, vous voyez rapidement toutes les questions à traiter. Une fois le plan arrêté, vous classerez toutes vos feuilles dans l'ordre de ce plan. Vous n'aurez plus alors qu'à les suivre pour rédiger. Egalement, Isabelle DEFRÉNOIS-SOULEAU rappelle que les cours de droit et les manuels juridiques sont très structurés, et que c'est la connaissance du plan qui vous permet de dominer la matière, de ne pas y être perdu[107].

---

[107] Isabelle DEFRENOIS-SOULEAU, *Je veux réussir mon droit*. Méthodes de travail et clés du succès., op. cit., p. 3, et pages suivantes pour des conseils pratiques pour matérialiser le plan.

Si le catalogue de votre Faculté comporte, non seulement un classement par noms d'auteurs, mais un classement par matières, commencez par vous y reporter. A la bibliothèque de la Faculté de Droit, le catalogue des ouvrages contient à la fois les fiches par auteurs et les fiches par matières, sauf pour les années récentes (le nouveau catalogue est double : matières et auteurs sont séparés). Il existe un catalogue par matières pour les thèses et un catalogue par matières pour les articles de revues (outre les catalogues par auteurs) ; leur intérêt n'a pas besoin d'être souligné.

En tout état de cause, il est hors de question de photocopier un livre en entier. C'est une atteinte grave au droit d'auteur et indigne d'un étudiant, a fortiori d'un chercheur plus mature. Effectivement, constitue un acte de vandalisme et de mépris de ses condisciples, le fait d'arracher une page d'un recueil ou d'un traité au lieu de la photocopier[108].

Voilà quelques indications pour la recherche documentaire, envisagée pour l'étude d'un problème de droit découlant d'un exercice proposé ; d'où l'étude des méthodes de pensée et de raisonnement en droit.

1.2 Les méthodes de pensée et de raisonnement en droit

« *Le droit est une école du raisonnement. L'étudier, c'est apprendre à réfléchir, à rédiger, à chercher* », disait Eve BOCCARA dans la revue Le Droit et ses métiers[109].

En effet, dans tous les exercices en droit, il faut un raisonnement juridique. Rappelons qu'on ne saurait réussir un écrit

---

[108] Isabelle DEFRÉNOIS-SOULEAU, ibid., p. 63.

[109] Eve BOCCARA, « Une mosaïque de métiers », in : Revue *Le Droit et ses métiers*, Lamy, 2008, p. 20.

juridique sans la maîtrise parfaite de la langue française[110], spécialement des règles d'orthographe, de grammaire, de conjugaison, de syntaxe[111].

Evidemment, dans tous les types d'exercice, il y a lieu d'identifier un problème juridique. Donc pas de raisonnement juridique sans problème dans tous les exercices proposés à la faculté de droit. Aussi bien en premier et deuxième cycle qu'au doctorat et à l'agrégation, il faut répondre à une question principale et indiquer une réponse justifiée.

Essentiellement, deux questions se posent, auxquelles il faut donner réponse :

D'abord, quels sont les exercices habituellement proposés en droit ?

Ensuite, comment on raisonne en droit ?

Enfin, comment on évalue en droit ?

A/ Les exercices habituellement proposés en droit

Traditionnellement, dans la faculté de droit, on propose les méthodes de raisonnement et de pensée suivantes : une épreuve théorique, la dissertation juridique, et des épreuves pratiques, l'étude de cas ou cas pratique (souvent un cas fictif), le commentaire de texte et le commentaire d'arrêt ou de jugement.

Deux autres méthodes méritent une attention particulière : l'exposé-discussion et la note de synthèse, souvent proposée dans les concours administratifs et l'examen du Barreau.

---

[110] Nous remercions Monsieur Badoua SIGUINE, professeur de français, formateur au Centre de Formation Judiciaire (CFJ), qui a bien voulu lire et relire ce livre pour corriger les fautes et maladresses de style.

[111] Nous conseillons d'essayer, pour la qualité de l'expression, le livre de Jacques VASSEVIERE, *Bien écrire pour réussir ses études*, Arman Colin, Paris, 2013.

L'exposé-discussion n'est réellement ni un contrôle de connaissances, ni un simple oral, ce qui n'exclut pas la présentation de certaines connaissances en droit. Il s'agit de faire une démonstration, c'est-à-dire de montrer qu'on sait discuter en droit. Et pour cela, il faut avoir de bonnes bases théoriques. Il ne s'agit donc pas d'apprendre pour réussir, le cours ne suffisant pas. C'est un exposé suivi d'une séance de questions – réponses. C'est pourquoi il est conseillé de se cultiver, en lisant, en suivant l'actualité, car la société évolue, et le droit en est une conséquence. Cela est d'autant plus vrai que le rythme du droit s'accélère, et aucun domaine du droit n'échappe à ce devenir frénétique[112], d'ailleurs tant qu'il y aura de l'avenir, toute vérité sera partielle[113]. Hélas, l'oral est de plus en plus négligé, alors que ce type d'exercice donne l'occasion à l'étudiant à apprendre à s'exprimer oralement « avec aisance et sérieux »[114]. Il est vrai que les travaux dirigés qui amènent les étudiants à se constituer en groupes de TD, leur permettent de prendre la parole en public.

Quant à la note de synthèse, elle est destinée à apprécier les aptitudes de synthèse du candidat et sa clarté d'esprit. Elle se traduit généralement par la présentation de plusieurs documents qui offrent des informations en vue de la résolution d'un ou de plusieurs problèmes de société (politique, économique, juridique et/ou culturel). Ainsi, la recherche d'un fil conducteur

---

[112] Voir le numéro 10 février 2015 spécial sur le changement du droit, presque toutes les disciplines du droit, 270 pages, un ouvrage collectif composé de 32 articles.

[113] Comme cela résultait de l'échange entre Paul Lacroix et Chevalier de Cheikh Hamidou KANE, *L'aventure ambiguë*, p. 88.

[114] Isabelle DEFRÉNOIS-SOULEAU, *Je veux réussir mon droit*, op. cit., p. 204. *Le droit est un art,* dit-elle, *d'expression et presque toutes les professions juridiques exigent de savoir parler, expliquer, convaincre* ».

(en fonction du sujet de la note de synthèse) obéit à des critères de rapidité, de synthèse et de structuration. Peu importe l'ordre de présentation des documents, mais tous les documents doivent avoir été cités, au moins une fois. Par conséquent, s'il n'est pas nécessaire de structurer le travail (avec points détaillés et des titres précis), toutefois, il est nécessaire d'articuler simplement les idées fondamentales tirées de la masse des documents. Dans ce type d'exercice, il est interdit au candidat de développer ses propres idées, de commenter, de donner son point de vue. Il faut, donc, procéder à une synthèse objective des éléments du dossier, et seules les informations contenues dans le dossier peuvent être utilisées[115], bien entendu, en respectant strictement le *timing*. C'est pourquoi il faut s'entraîner dès la première année de droit. Par conséquent, l'étudiant doit apprendre à lire son cours, et les autres documents, et à faire des résumés. D'ailleurs, nous recommandons dans le cours de méthodologie, qui est un élément constitutif non évalué, à proposer des résumés aux étudiants en termes d'exercices pratiques, et ce, avant le démarrage effectif des cours fondamentaux.

Ces deux méthodes ne sont pas habituelles à la faculté de droit. L'exposé-discussion n'est rencontré qu'en Master, et va se poursuivre dans le cadre de la formation doctorale.

Il convient, maintenant, de s'intéresser essentiellement aux méthodes habituelles de travail à la faculté des sciences juridiques et politiques.

---

[115] Voir Joël ANDRIANTSIMBAZOVINA, , op. cit., p. 67. Voir également Isabelle DEFRÉNOIS-SOULEAU, *Je veux réussir mon droit*, op. cit., p. 192, qui considère que « *Regrouper, sélectionner, classer, articuler les informations n'est pas résumer, c'est preuve de synthèse* ». Cet ancien Directeur de l'Institut d'études judiciaires de Paris 13 donne l'exemple d'une note du parquet de Bobigny sur la lutte contre la violence en milieu scolaire.

1° L'épreuve théorique

La dissertation juridique[116] suppose essentiellement :

- un sujet théorique à définir, à préciser et à délimiter ;
- une problématique, précisément une question à résoudre ;
- une réponse à justifier.

C'est un exercice de démonstration que l'on retrouve dans le contexte de l'université de la 1ère année jusqu'au concours d'agrégation du CAMES[117], un organisme interafricain chargé d'apprécier l'aptitude des enseignants africains et la valeur scientifique de leurs travaux de recherche.

Dès lors, pour réussir sa dissertation juridique, il faut une parfaite connaissance du domaine juridique et une nette articulation des idées dans un ensemble (plan) ordonné, logique, voire critique du droit existant[118].

Le sujet est, à l'avance, une idée générale, une synthèse d'un ensemble d'informations, une multitude de connaissances rattachées à une certaine discipline, en l'occurrence à un domaine du droit[119].

---

[116] Pour plus de détail, nous conseillons de lire : Marie-Joseph GOUMELIN et Jean-François GUEDON, La dissertation de culture générale, Editions d'Organisation, mai 2000 ; André DUNES, *La documentation juridique*, Dalloz 1997 ; Jean-Pierre GRIDEL, *à propos de la dissertation et du cas pratique*, Dalloz 1986 ; Gilles GOUBEAUX et Philippe BIHR, *Les épreuves écrites en droit civil*, L.G.D.J., août 2005 ; Isabelle DEFRÉNOIS-SOULEAU, ibid., p.107.

[117] Conseil africain et malgache d'enseignement supérieur.

[118] Cela dit, selon le Larousse 2008 (page 974), le *sujet* est un mot masculin défini par « ce sur quoi on parle, on écrit, on compose ». En médecine, le mot sujet vise le patient.

[119] Exemples : « *La pratique constitutionnelle en Afrique* », « *Les limites des pouvoirs des dirigeants sociaux* », « *La place de l'Eglise dans l'organisation du pouvoir en Egypte* », « *Argent et politique* », « *La notion de patrimoine en droit positif sénégalais* », « *Le divorce et la séparation de corps* », « *La preuve des actes juridiques* », « *Les présomptions* » ou encore « *L'inexistence du consentement* ».

Dans tous ces cas, *le sujet est composé d'éléments généraux et d'un élément particulier*. Il est rattaché à un thème. C'est pourquoi les juristes recommandent dans l'introduction de la dissertation d'aller du général au particulier, un élément clé qui commande l'étude du sujet. C'est dire que l'étude est toujours dominée par cet élément particulier, qui doit être défini en le rapprochant des autres mots, ce qui aboutira à la reformulation du sujet.

Au fond, dans le cadre du commentaire, le sujet correspond à l'idée générale de l'arrêt (ou problème juridique), l'idée générale du texte à commenter, l'idée générale du cas pratique, en tout état de cause, il faut éviter d'étaler ses connaissances. En d'autres termes, faire un commentaire, traiter un cas pratique, c'est trouver un sujet pour le poser en problème juridique, bien entendu, en le traitant avec les éléments du texte ou de l'arrêt.

En réalité, le sujet est choisi en considération d'un certain nombre d'intérêts, que le candidat doit indiquer dans l'introduction de son travail. En effet, le publiciste n'a pas la même préoccupation que le juriste privatiste. C'est peut-être pourquoi, on dit généralement que les publicistes sont de grands théoriciens (intérêt théorique souvent attendu), alors que les privatistes se considèrent comme étant de vrais techniciens (intérêt pratique plus recherché). L'historien du droit, quant à lui, se préoccupe de l'évolution du droit et de la relativité du phénomène juridique, d'où l'intérêt historique du sujet, que l'historien du droit choisit de magnifier.

Mais il n'y a pas de méthodologie qui se différencie selon la division classique en droit public, droit privé et histoire du droit, voire en science politique. En effet, la méthodologie est la même, c'est le contenu qui varie. Il ne faut donc pas brouiller les esprits des étudiants, en considérant que les publicistes et les privatistes n'enseignent pas la même méthodologie. Il est simplement question de réfléchir avec ses outils de travail pour indiquer son approche, poser un problème et y apporter des éléments de réponse. Alors, la manière de raisonner demeure la même.

Nonobstant, en fonction de leurs caractères, les enseignants en droit se distinguent à travers le style du sujet. Ainsi, en paraphrasant le professeur Demba SY, nous pouvons parler de sujet de synthèse, de sujet de cours et de sujet de conquête.

Sujet de cours, lorsque celui qui l'a choisi vérifie simplement si une partie du cours est bien maîtrisée. Cette méthode est la préférée des étudiants, qui ont le don de l'apprentissage par cœur, comme s'il s'agit de réciter simplement le cours. 18/20 est une excellente note, mais elle ne peut attester de la compréhension du droit et de la maîtrise plus ou moins parfaite de nos méthodes de pensée et de raisonnement, dans la mesure où l'étudiant n'a fait que restituer les mots, le style, le talent du chargé de cours, ce qui risque d'abuser l'enseignant non averti[120].

Sujet de synthèse, c'est le sujet de recherches, de réflexion et d'organisation personnelle. Recherches d'éléments dans un ensemble de connaissances dont le cours (éléments répartis dans deux ou plusieurs parties à mobiliser). Réflexion parce qu'il faut trouver des idées pour les relier (c'est l'esprit de synthèse). Organisation personnelle, parce qu'il faut un plan propre, un raisonnement personnel (discours), un style original, une parfaite maîtrise du langage juridique qui déconcerte les apprentis juristes. Cela étant, la note 8/20 n'en demeure pas moins une note d'excellence, car elle apprécie un effort de réflexion, d'originalité, de compréhension, qu'il conviendra simplement d'exalter[121].

---

[120] Martèle le professeur Demba SY, op. cit.

[121] Nous disait le professeur Jacques Mariel NZOUANKEU en 2ème année de droit, en 1993.

Sujet de conquête, c'est un sujet qui nécessite des investigations dans un domaine du droit ; il est le reflet de points de droit non traités, mal traités ou évolutifs. Ce type de sujet est plus approprié dans le cadre des recherches approfondies. D'où la nécessité d'une recherche approfondie et la soutenance d'une opinion dans le cadre d'un mémoire ou d'une thèse.

Dans toutes les hypothèses, *le sujet permet toujours de jauger le niveau de culture générale, en particulier, juridique du candidat, et le degré de participation à la construction du droit*. Il permet, et là gît la rigueur spécifique de la faculté de droit, de contrôler le niveau d'évolution du candidat par rapport à la méthodologie du droit, l'aptitude à raisonner en droit, ce qui est sélectif. Le sujet permet par conséquent de trier la masse de candidats, en allant de la première année au doctorat, diplôme presque désormais exigé pour être recruté à l'université.

Ainsi il est demandé aux candidats de ne pas se précipiter sur son stylo pour écrire sans avoir réfléchi, et de garder à l'esprit que « *La plus belle fille du monde ne peut donner que ce qu'elle a* »[122]. Il ne faut donc pas se laisser intimider par les autres candidats qui, dès la distribution du sujet, ont commencé à écrire, et écrivent beaucoup. Je prends ma feuille de brouillon, je réfléchis en commençant par souligner les termes du sujet et repérer l'élément clé, celui qui commande l'étude du sujet. Je note tout ce qui me vient à l'esprit, même dans le désordre, pour l'instant. Ensuite, après avoir défini, soupesé chacun des termes du sujet, déterminé ce qu'on veut étudier[123], on tentera de

[122] Isabelle DEFRÉNOIS-SOULEAU, *Je veux réussir mon droit*, op. cit., pp. 107 et suivantes.

[123] Isabelle DEFRÉNOIS-SOULEAU a bien expliqué l'importance de la préparation (ibid., p. 109.), en lisant plusieurs fois le sujet, et faisant attention à tout, chaque virgule, les singuliers ou les pluriels, les petits mots comme : et, ou, dans, en matière de, en cas de, etc. Effectivement, il y a lieu de percevoir différemment « l'action en nullité » et « La nullité ».

répondre à la question principale qui s'en dégage, et il en résultera forcément un plan logique, en conformité, de façon cohérente, avec la vision qu'on a du sujet, et ce, autour des grandes idées, en nuançant ou comparant ou s'agrippant à des controverses doctrinales ou jurisprudentielles ; en bref, en recherchant ce qu'on attend de vous, puisque la formulation du sujet porte en sourdine le message de l'examinateur.

Isabelle DEFRÉNOIS-SOULEAU a bien expliqué la conduite à tenir en ces termes :

Pour traiter un sujet, tous les éléments qui le composent ne sont pas à mettre sur le même plan, platement et sans fil conducteur. Il est bon de découvrir des lignes directrices ou des pôles d'intérêt auxquels on pourra rattacher les divers points à développer. Une idée générale ou un principe peuvent servir de fil conducteur à la dissertation tout entière (ou à l'une de ses parties), parce qu'ils expliquent et sous-tendent l'ensemble du sujet et de l'argumentation. Par exemple, des principes comme la séparation des pouvoirs en droit public, la protection de la victime en droit privé ou le respect des droits de la défense en droit criminel, peuvent servir d'axes autour desquels on ordonne les divers points à développer[124].

L'épreuve théorique qu'est la dissertation se différencie des autres exercices juridiques en raison de la nature de l'épreuve. En effet, dans les épreuves pratiques, les idées du candidat doivent être organisées en s'appuyant sur les faits, sur les arguments du texte soumis à son appréciation.

---

124 Isabelle DEFRÉNOIS-SOULEAU, *Je veux réussir mon droit*, op. cit., p. 113. Le procès criminel a suscité des méditations sur *l'acte de juger, en considération de l'ultime audience,* voir Souleymane TELIKO, *Méditations sur l'acte de juger*, op. cit.

2° Des épreuves pratiques

Il s'agit du cas pratique, du commentaire d'arrêt ou de texte, voire d'articles. Nous allons insister sur ces épreuves coutumièrement proposées.

a/ Le cas pratique

Souvent, il est demandé aux étudiants de raisonner, de répondre exactement aux questions. Et quand les questions sont clairement posées, l'étudiant a eu la chance de franchir l'étape assez difficile de la qualification juridique. Par conséquent, il faut répondre directement aux questions, mais en raisonnant et motivant ses réponses, ce qui conduit l'étudiant à s'appuyer sur la législation, la jurisprudence et la doctrine, et, s'il y a lieu, la coutume.

Cela dit, le cas pratique comporte trois étapes : identification, formulation et discussion. Il s'agit alors de résumer les faits, de formuler des questions et de procéder à la discussion, car le juriste met en relation le fait et la règle[125]. D'où la mineure du syllogisme juridique, la majeure étant constituée par la règle de droit applicable.

Effectivement, on commence à s'exercer en première année de droit, et si on le réussit bien durant tout le parcours de l'étudiant, quand on deviendra professionnel du droit, on pourra, ainsi, plus aisément délivrer des consultations juridiques aux clients. Ainsi le cas pratique peut être assimilé à une consultation juridique. Concrètement, c'est la recherche de la règle de droit applicable, comme si on était le juge[126].

---

[125] C'est le grand compromis, dit-on.

[126] Isabelle DEFRÉNOIS-SOULEAU, op. *Je veux réussir mon droit*, op. cit., p. 160.

Donc, les acteurs du cas pratique sont constitués par les faits, porteurs de problèmes et par la règle de droit, porteuse de solutions. La difficulté du cas pratique repose sur la qualification juridique. Cela signifie qu'il faut trouver les règles, désigner la loi compétente et en son sein les articles. Au pénal, le juge TELIKO y voit une opération intellectuelle par laquelle le juge apprécie la nature des actes commis[127].

Par exemple, s'agit-il d'un problème de signification (qualification : bref délai ?) ou d'un problème de précision (application) ?

Précisons que la règle ne contient pas toujours la règle opérationnelle ; il faudra donc démontrer la pertinence de son opinion, d'où l'art du juriste qui tend à compléter la règle, en interprétant, argumentant, l'adaptant aux réalités sociales et économiques du milieu.

A côté du cas pratique, figure, parmi les épreuves pratiques, le commentaire d'arrêt ou de texte.

b/ Le commentaire d'arrêt ou de texte

A nos yeux, le commentaire d'arrêt et le commentaire de texte constituent un même exercice, car un arrêt, c'est aussi un texte : la différence se situe au niveau de l'auteur, de la forme et, peut-être, de l'objet. En réalité, il y a un point de vue donné par un juge ou par un auteur sur une question de droit. Tous les deux se basent sur une règle de droit. Et même quand on sollicite un commentaire d'article, on veut mettre le candidat

---

[127] Souleymane TELIKO, *Méditations sur l'acte de juger*, op. cit., p. 53. Il précise que c'est sur cette opération que la Cour décide si les faits constituent un crime, un délit ou si la personne poursuivie doit être acquittée. Il ajoute que l'intime conviction est la force probante que le juge entend attacher aux modes de preuve, cependant elle ne doit pas être assimilée à un simple ressenti du juge, car autrement, ce serait la porte ouverte à l'arbitraire.

directement en rapport avec la règle de droit, à l'image des grands auteurs et des juges chevronnés.

En tout état de cause, il est important de retenir que le législateur prévoit des règles pour anticiper sur les solutions nécessaires aux conflits, que provoque la vie en société. Nous rappelons que le juge est chargé de les appliquer et de les compléter au besoin. La doctrine participe, quant à elle, à l'interprétation de la règle de droit.

Habituellement, on donne des arrêts à commenter, parce que le juge supérieur est chargé de l'unité de la justice. D'où commentaire d'arrêt, mais il peut s'agir aussi d'un jugement[128].

L'arrêt ou le texte sont commentés parce qu'au-delà du cas particulier qui a provoqué la décision ou l'opinion, le droit a été enrichi, pour servir d'exemple, de précédent. On va alors commenter la position juridique du juge, qui est un juriste qui raisonne, qui met en rapport fait et règle.

Spécialement, en matière de commentaire d'arrêt, on commente ce que le juge a apporté : l'effet juridique produit au-delà des parties, sinon il n'y a pas de commentaire. Il faut donc caractériser l'arrêt dans une introduction et on commente ce qui a été caractérisé. En effet, la solution juridique est née grâce au cas ; le cas en a été la raison. C'est dire qu'il ne faut pas négliger les faits particuliers qui ont provoqué la décision de justice à commenter, et surtout de chercher à savoir pourquoi le juge supérieur a retenu telle solution, cette dernière est-elle conforme au droit positif[129], et en la confrontant à l'évolution de la vie en société, aux réalités économiques et sociales.

C'est le moment de rappeler que l'arrêt se différencie de la loi, car c'est une règle qui naît du concret, des situations

---

[128] Pour savoir lire et comprendre une décision de justice, lire Isabelle DEFRÉNOIS-SOULEAU, *Je veux réussir mon droit*, op. cit., p. 23, qui (page 55) répond au comment analyser une décision.

[129] Isabelle DEFRÉNOIS-SOULEAU, *Je veux réussir mon droit*, op. cit., p. 136.

factuelles. La démarche du législateur est marquée dès l'origine par la généralité. Dès lors, la jurisprudence n'est pas source effective de droit, en ce sens qu'elle est très liée au cas. Il en résulte une nette confrontation de la lecture de la règle et de la décision du juge. Vous comprenez alors qu'on soit obligé de relater les faits dans l'introduction. A défaut d'en tenir compte, « *la règle devient orpheline, puisque tout est causé dans la vie* »[130].

En résumé, trois éléments doivent demeurer dans un commentaire :

– **le sens du texte** (ce que la loi, le juge, l'auteur a dit) ;

– **la valeur** (ce qui est dit est-il juste, fondé, mérite d'être approuvé ou critiqué) et

– **la portée** (situer la réponse donnée ou la solution dans l'ensemble des réponses, des solutions ; puis se demander surtout dans le cas du commentaire d'arrêt, si cette solution est transposable à d'autres questions ou conciliables avec d'autres)[131].

---

[130] Relève professeur de méthodologie à la faculté de droit de Montpellier I, Anne PELLISSIER, année universitaire 2007 – 2008, inédit, qui avait bien voulu partager avec nous son expérience, quand le cours de méthodologie nous a été confié au moment de l'introduction du système LMD à la faculté des sciences juridiques et politiques de Dakar.

[131] Tout cela se résume, disait notre Maître Ndiaw DIOUF, actuellement, membre du Conseil constitutionnel. En première année professeur DIOUF nous expliquait le système **M** ou **W**. **M** lorsque l'étudiant part du texte et le situe dans des considérations générales. **W** lorsqu'il commence par un contexte général, et atterrit sur le texte. Ainsi de suite. Et il donnait, comme exemple, le reportage du grand journaliste du sport, Abdoulaye DIAW. Si Abdoulaye DIAW dit : Roger MENDY a remis la balle à GUEYE SENE, ce dernier la transmet à BOCANDE qui tire et qui rate, pas de commentaire. En revanche, et nous reprenons, si Abdoulaye DIAW dit : Roger MENDY à GUEYE SENE, puis à BOCANDE qui rate, mais non, il aurait fallu remettre la balle à Thierno YOUM qui était en bonne position, et qui sans doute, aurait marqué, il a commenté, car il a expliqué ce qui s'est passé, en donnant son point de vue, sa position.

Dans tous les exercices, le raisonnement juridique s'impose et est rigoureusement apprécié.

B/ Le raisonnement juridique

Le raisonnement juridique comporte une introduction, des développements et une conclusion générale.

1° L'introduction en droit

Comme toute introduction, l'introduction en droit traduit un moment important de rencontre entre le rédacteur et le lecteur, plus précisément l'examinateur, ce dernier devrait être impressionné, déjà à ce niveau, « *par la rigueur de la pensée et l'élégance de l'exposé* »[132].

Dans tout exercice en droit, il y a trois grands moments : la situation ; la position du ou des problèmes ; la démarche à envisager.

Dans un commentaire de texte, il faut chercher à répondre à six questions dans l'introduction : quoi (nature) ; qui (auteur) ; quand (date importante) ; où (lieu), pourquoi (contexte, intérêt, objet ou idée générale ou problème juridique) et comment (la démarche, c'est-à-dire le plan, la réponse).

En particulier, dans un commentaire d'arrêt, il faut caractériser l'arrêt (litige, procédure, problème juridique et solution). On doit également, ici, situer, faire connaître la genèse. En effet, la règle découle du litige[133]. On retrouve la même situation dans le cas pratique.

---

[132] Nous empruntons l'expression à Isabelle DEFRÉNOIS-SOULEAU, *Je veux réussir mon droit*, op. cit., p. 118.
[133] Voir plus de détail, Isabelle Defrénois-Soueau, ibid., p. 55

Pourquoi la procédure ? Parce qu'on mesure le nombre de juges qui ont déjà discuté. Le juge du second degré discute de façon brute que son collègue inférieur. Le juge de cassation, quant à lui, est juge de droit. Quand il considère que le bon droit a été dit par le juge du fond, il rejette le pourvoi. Toutefois, lorsque le droit, par exemple, a été mal interprété ou appliqué ou qu'il y a erreur de droit, le juge de cassation casse l'arrêt, donc, en donnant raison au pourvoi. Il considère que l'appréciation des faits relève du pouvoir souverain des premiers juges, des juges du fond. Bien entendu, les juges supérieurs peuvent parfois apprécier les faits. En outre, il faut tenir compte de la solennité (arrêt d'assemblées plénières).

L'introduction de la dissertation juridique pose plus de difficultés, qui, semble-t-il, ne reçoivent pas le consensus des enseignants en droit. L'introduction d'une dissertation juridique indique que le candidat a compris le sujet, a réussi à le dominer, parce qu'il l'a bien défini et clairement posé le problème de droit. Effectivement, l'étudiant identifie la question de droit par rapport à l'approche du sujet, c'est-à-dire du comment le sujet a été perçu, de l'angle d'attaque. Et le problème, identifié et bien posé, permet de dégager l'importance de l'étude[134].

---

[134] Cela a été confirmé par Isabelle DEFRÉNOIS-SOULEAU (*Je veux réussir mon droit*, op. cit., p. 119) qui, comme exemple d'axe, de problème, la loi est-elle ou non abrogée par désuétude ? Si la désuétude est définie comme une longue application de la loi, il faut aussi tenir compte des usages, des pratiques et même des jurisprudences contraires à la loi. Ainsi, ce conflit entre les diverses sources du droit permet de dégager l'intérêt du sujet. Egalement, l'auteur corrobore nos enseignements sur la rédaction d'une bonne introduction, en considérant que la problématique, les conflits, les difficultés doivent être évoqués dans l'introduction, mais ils ne doivent jamais y être résolus, même d'un mot. Il faut, alors, soutenir l'intérêt, préserver le « suspens » et, en aucun cas, ne donner de solution de fond dans l'introduction. Effectivement, nous avons pensé qu'aussi, en indiquant votre position dans l'introduction, en répondant à la question principale, en y dégageant une idée générale, les développements permettront d'en assurer la démonstration.

Concernant l'intérêt du sujet, nous avons l'impression, et nous pensons que tous les enseignants en droit s'accordent sur cette idée, en lisant les copies d'examens, même au 3ème cycle, que les étudiants pensent qu'il faut obligatoirement mentionner dans l'introduction d'une dissertation que « *le sujet a un intérêt théorique, et a un théorique pratique* ».

En effet, lorsque les problèmes posés ont fait l'objet d'études abondantes et divergentes, dans ce cas, le sujet offre un intérêt théorique. Et lorsqu'on décide de traiter le sujet sous cet angle, il faut poser le point de discussion, indiquer sa voie et s'étendre dans les développements pour démontrer et spécifier sa position. Si, bien entendu, l'on veut démontrer sa position durant toute l'étude, il ne faut le développer dans l'introduction. Il faut donc poser le problème dans l'introduction, indiquer sa position, dans l'annonce du plan, et ce qui suit constituera vos développements, dont une conclusion résumera l'essentiel de la position. En un mot, beaucoup de réflexions ont été menées sur ce sujet, et si vous décidez de l'étudier, c'est parce que le débat continue.

En revanche, lorsque l'étude du problème ou des problèmes permet de régler des situations concrètes, c'est-à-dire lorsqu'on veut magnifier le rapport entre l'étude du sujet et la vie en société, on parle d'intérêt pratique. Par exemple, si l'on veut appréhender les biens à transmettre aux héritiers ou les biens que les créanciers chirographaires peuvent saisir, il faut déterminer la notion de patrimoine. Autre exemple, si l'on veut déterminer l'illégalité d'un acte administratif, il faut régler la question de la définition d'un acte administratif. La détermination de la compétence est un intérêt pratique d'un sujet relatif au domicile.

Mais, si l'on fait ressortir progressivement les différentes étapes d'évolution d'un problème de droit, en disant comment il a été résolu dans le passé, c'est l'intérêt historique, pour rechercher des solutions durables à des problèmes actuels[135].

Faut-il le rappeler, si les développements portent sur la dimension pratique ou théorique ou historique, il faut éviter de développer la question dans l'introduction, si introduire consiste simplement à définir, à indiquer son orientation, de laquelle découlera le problème à poser, et auquel on va répondre (ce qui justifiera la démarche), ensuite à annoncer les grandes lignes de l'étude, à savoir les titres qui feront l'objet des développements prévus.

Quelle confusion ! Tantôt, on dit que l'intérêt doit être indiqué avant de poser le problème. Tantôt, on considère qu'il faut l'exprimer après avoir posé le problème. Ce n'est pas un débat. Parler de l'intérêt du sujet consiste simplement à faire ressortir l'importance de l'étude, son utilité, ce qu'on peut en attendre (les résultats attendus), ailleurs, dans d'autres disciplines, on parle d'objectifs poursuivis. En bref, pourquoi on a décidé d'étudier le sujet sous cet angle, pourquoi une telle orientation. Il nous semble que l'intérêt s'en dégage plus nettement lorsqu'après avoir indiqué l'approche, la façon d'aborder le sujet, on pose la question qui en résulte, et on dit ce à quoi mène la résolution de ce problème. Il s'agit d'indiquer ce que l'étude permettrait d'obtenir exactement.

Or, qui dit problème dit solution. Le plan constitue la réponse, les éléments de la solution, éléments qu'il convient de déve-

[135] Ainsi, nous avons tenté d'adopter la même démarche dans notre article « Le code de la famille et l'histoire » (Revue de droit sénégalais, n° 7, pp. 119 à 154). Effectivement, quand les anciens Présidents de la République ont dit qu'on ne touche pas le code de la famille, nous nous sommes demandé pourquoi, qu'est-ce que ce code a de précieux. Qu'est-ce qui fait qu'on ne doit pas le toucher, nonobstant le changement des mentalités et l'évolution de la société ?

lopper maintenant, en respectant un certain nombre de conseils pratiques. En effet, en indiquant une réponse, on justifie son plan, et il reste à annoncer les éléments.

Le plan est effectivement une colonne vertébrale. Mais on ne fait pas un plan sans en avoir préalablement maîtrisé le contenu[136]. En réalité, en répondant au problème par une idée générale (la solution), l'équilibre s'obtient en fixant une idée essentielle à la deuxième sous-partie de la première partie et en posant une autre idée fondamentale à la première sous-partie de la deuxième partie du plan[137]. Par conséquent, le A du I et le B du II constituent les poumons du plan et en garantissent l'équilibre[138].

Comment se présentent les développements en droit ?

2° Les développements en droit

Développer, c'est poser le débat, expliquer sa position et la justifier, en indiquant son utilité et sa portée. Le dictionnaire Hachette dit déployer, exposer en détail[139]. Il s'agit, par conséquent, de démontrer sa proposition. A l'instar d'Alain Roger[140], prenons l'exemple d'un extrait d'un poême de Baudelaire « (...) *La femme est naturelle, c'est-à-dire abominable* ». L'auteur de la *Bréviaire de la bêtise* développe en considérant, notamment, dans un premier temps, qu'il faudrait prouver cette

---

136 Il est étonnant que les étudiants en master, comme au doctorat, cherchent à valider le plan par l'encadreur sans avoir accompli un acte de recherches.

137 Entre B du I et A du II.

138 Ceci est valable pour tous les travaux scientifiques du juriste, à savoir mémoire, doctorat et leçon d'agrégation.

139 Dictionnaire Hachette éducation, édition 2019, p. 169.

140 Alain ROGER, *Bréviaire de la bêtise*, nfr, éditions Gallimard, 2008, pp. 87 à 90.

« naturalité », et démontrer, en évitant le piège de l'universalité, que toutes les femmes ne sont pas asservies à cette naturalité. Faudrait-il prouver que cette naturalité n'est pas impliquée dans la féminité[141] ?

En particulier, en droit, la première chose, c'est de poser le problème de droit. Ensuite, il faut se référer au texte de loi[142]. Sur ce point, la doctrine (les auteurs qui émettent leurs opinions sur une question de droit) pourra nous éclairer et, donc, nous aider précieusement à formuler des idées, qui nous permettront d'atteindre nos objectifs de démonstration.

Puis, il faut chercher la jurisprudence (les décisions rendues sur la question de façon constante et concordante). Le cas échéant, il faut la citer de façon suffisamment claire, afin que l'on puisse la connaitre et la retrouver[143]. Justement pour apprécier la jurisprudence, elle-même, on s'appuie sur la doctrine, et interroge la vie en société, également régulée par la coutume, les pratiques et usages suivis par les groupes d'individus. Ce qui nous conduit à l'équité, ce qui paraît normal ou anormal dans la société.

Cela dit, *les développements doivent être introduits et présentés* généralement en plan binaire, en deux (parties, titres, chapitres, sections, paragraphes) ou I et II (avec deux sous-parties A et B, puis deux sous-sous-parties (1 et 2), etc.

---

141 La bêtise, c'est de considérer la femme comme une femelle, esclave de tous les appétits, boire, bouffer (...), voir pour plus de détail Alain Roger, ibid., p. 88.

142 Nous disait, en juillet 2012, notre formateur à l'Institut international de Strasbourg, Alain VALLIERES, professeur et avocat à l'Université de Montréal, dans son cours Tribunal école.

143 C'est dire qu'il faut indiquer la référence, la source, permettant de la retrouver.

Nous avons constaté que pour un plan équilibré, *tout se joue sur le B du I et A du II*. Ce sont les deux grands moments d'un travail de raisonnement juridique, voire les poumons ou les charnières.

En commentaire d'arrêt ou de texte, il faut se référer aux motifs de base de l'arrêt, aux éléments séquentiels identifiés au moment de l'analyse du texte. Souvent, le plan est calqué à partir de la solution. De préférence, le plan doit être fait à partir du commentaire (le plan thématique).

Par ailleurs, il a été indiqué que les historiens du droit ont une bonne réputation en matière de commentaire de texte. Il s'agit de diviser le texte en séquences, les regrouper en deux grandes idées ou en paragraphes. Le regroupement des séquences permet de dégager le plan et l'idée générale ou objet du texte, ce qui nécessite un grand esprit de synthèse. Nous avons pu remarquer que généralement, l'idée générale du texte découle de la combinaison des deux idées suivantes, la première idée de la première séquence (donc du premier paragraphe) et celle de la dernière séquence. Assurément, cet esprit d'analyse et de synthèse, chez les historiens du droit, favorise la maîtrise du commentaire d'arrêt ou de texte en droit privé ou en droit public.

Chemin faisant, nous regrettons très fortement que, de plus en plus, les vertus de la discipline d'histoire du droit soient banalisées et largement méconnues. Bien sûr, il appartient, d'abord, aux historiens du droit de redynamiser cette discipline et aux facultés de droit de lui permettre de recouvrer sa place pionnière dans la formation du juriste.

Notre univers obéit à un ordre strict. Le travail scientifique à la faculté de droit s'en inspirer largement. C'est pourquoi, tout raisonnement juridique se subdivise en deux parties, en deux grandes idées qui se complètent soit positivement, soit négativement. D'où la nuance, comme réflexe majeur du juriste.

Les développements doivent alors être nuancés, sachant que la qualité du juriste est avant tout d'être humble et modeste. Il faut alors éviter la tendance à justifier systématiquement contre toute évidence des positions personnelles.

Les développements doivent être démonstratifs et critiques, considérant que le raisonnement juridique n'est jamais définitif. En effet, on apprécie un travail en droit au regard de la loi, des opinions des autres, de la pratique (le point de vue du juge) et de l'équité (ce qui est, par exemple, anormal dans une société).

Critiquer, ce n'est pas condamner. Critiquer signifie qu'on ne doit pas tenir pour acquis ce que l'auteur a dit, ce que le juge a dit ; donc ce qui est dit mérite d'être discuté[144]. Ainsi, par exemple, dans un commentaire d'arrêt, il faut toujours s'attacher aux moyens du pourvoi, car un moyen de cassation est une critique adressée à un chef de décision du juge du fond.

En outre, *les développements doivent être simples, clairs, concis, cohérents et logiques, avec un français correct.*

Bien évidemment, *les développements doivent être liés par des phrases de transition*, comme le font les enseignants dans leurs cours magistraux ou interventions.

Il est également souhaitable que *les développements aboutissement à des résultats, à des conclusions.*

3° La conclusion générale en droit

Les étudiants pensent qu'en droit, on ne conclut pas. C'est faux. En effet, l'étudiant fait dire au chargé de TD que la conclusion n'est pas exigée dans sa copie, mais il n'est pas

---

[144] Vous allez donc me permettre de relativiser mes propos sur la méthodologie.

interdit de conclure. Une conclusion sur une copie n'est pas considérée comme une faute, au contraire, quand c'est bien fait, c'est un bonus. Seulement, quand on n'est pas sûr de bien conclure, il ne faut pas conclure, c'est nul. En tout cas, si on n'apprend pas à conclure dès la première année, à faire la synthèse, on aura du mal à conclure en master, puis en thèse voire en pleine carrière.

Effectivement, l'enseignement fait ressortir qu'il est demandé aux étudiants de savoir raisonner en droit, en essayant de dégager une opinion, une idée et de la nuancer, de faire la démonstration de la force de ses idées pour convaincre de leur pertinence. Ce n'est donc pas la peine de conclure. En tout cas, ce n'est pas exigé dans une copie d'un étudiant de la première année jusqu'en quatrième de droit (master 1). Mais, encore une fois, on n'interdit pas à l'étudiant de conclure. Pourquoi donc il est demandé aux étudiants de conclure le mémoire et la thèse de doctorat. En clair, toute réflexion menée relativement à une difficulté aboutit à une conclusion, qui indique finalement la position de l'auteur, la portée de celle-ci, sa limite, mais sa valeur subsiste dans un domaine précis.

Cela étant dit, conclure, de « cludere » signifie « clore », « enclore », contient l'idée d'une clôture, d'une réclusion logique[145].

Dès lors, la conclusion se veut une réponse à la problématique du sujet retenue dans l'introduction et développée dans le plan. Par exemple, et en bref, voilà pourquoi nous considérons, … Le juge dira par ces motifs, déclare, dit et juge, déboute, rejette, ordonne, etc.

---

[145] Alain Roger, *Bréviaire de la bêtise*, op. cit., p. 87.

Dans sa conclusion, l'auteur du texte précisera les résultats de sa réflexion, de sa recherche, et que les résultats auxquels il a abouti, ont une portée limitée. Il s'impose donc d'étudier leurs rapports avec d'autres questions de droit voisines à celle qui a été traitée, développée et résolue.

Voici comment Alain ROGER dans *Bréviaire de la bêtise*, définit la bêtise dans la conclusion, « *La bêtise résiderait moins dans la conclusion (qui peut être fondée) que dans la volonté de la produire à tout prix et de 'assener péremptoirement : « Point final ! »*[146].

La méthodologie est effectivement une œuvre de longue haleine.

Comment on évalue en droit ?

Plus précisément, nous allons parler des examens.

C/ Les examens

Nous allons évoquer la situation des examens selon le nouveau système LMD, avant de donner quelques conseils pour la préparation des examens et la tenue de la copie de l'étudiant.

1° Le système LMD (licence, master et doctorat)

C'est un nouveau système d'enseignement et d'évaluation, qui a été introduit dans la faculté de droit.

Avant ce système[147], et à notre arrivée, les étudiants étaient soumis, souvent au mois de février, à un examen dit « examen

---

[146] Alain Roger, ibid., p. 87.

[147] Lors de l'année académique 1972/1973, la réforme des études en vue de l'obtention du grade de licence es sciences juridiques et de licence es sciences économiques indiquait un déroulement des études en deux cycles : le premier cycle (deux premières années de licence) est un cycle de formation juridique générale. Sont aussi proposés aux étudiants deux

partiel » dont la moyenne exigée était 5 sur 10. Ensuite surgissait au mois de juin ou juillet, la première session à laquelle

---

options dans le cadre des disciplines de Droit public : Administration publique, qui conduit principalement aux carrières administratives et Relations internationales, ouvertes aux étudiants qui se destinent aux affaires étrangères ou aux organisations internationales. Deux autres options sont ouvertes dans le cadre du droit privé : Option droit des affaires, destinée à former plus particulièrement les futurs cadres juridiques des entreprises et les spécialistes du contentieux et Option judiciaire, destinée à former principalement les candidats aux fonctions judicaires ou para-judiciaires (magistrature, barreau,…). Il est à noter que la quatrième année d'études juridiques se caractérise par l'accentuation de la spécialisation qui devient presque totale et par une ébauche de professionnalisation : Celle-ci se manifeste surtout dans l'option « Droit des affaires » qui prévoit l'organisation de stage (un ou deux mois) puisque les étudiants suivant cette filière doivent être en mesure de prendre un emploi dès la licence obtenue. Aux termes de chacune des deux années du premier cycle, l'accès à l'année supérieure suppose que deux étapes soient franchies, la première celle de l'admissibilité, prononcée par un jury en tenant compte des notes obtenues par les étudiants dans les séances de travaux dirigés, à l'examen partiel écrit et aux épreuves écrites terminales de fin d'années ; la seconde, celle de l'admission, acquise après avoir satisfait à une série d'interrogations orales subies au cours ou en fin d'année, et portant sur les matières n'ayant pas fait l'objet d'une épreuve écrite. Au cours du second cycle, la part des travaux personnels et dirigés est accrue. C'est ainsi qu'en première année du second cycle (troisième année de licence), les étudiants sont invités à effectuer un travail de recherche personnelle (compte rendu, enquête, rapport, recherche bibliographique, de document de jurisprudence, etc.). L'objectif visé est d'initier l'étudiant à la recherche personnelle, de développer l'esprit d'analyse, de synthèse, de construction et de rédaction, qualités requises des juristes. Naturellement, ce travail est suivi au long de l'année par un membre du corps enseignant. En seconde année du deuxième cycle, le travail de recherche personnelle est davantage approfondi et conduit soit à un mémoire qui peut revêtir un caractère pratique et concret, soit, même, pour l'option « Droit des affaires », à un rapport de stage à caractère professionnel sur un sujet éventuellement déterminé par accord avec l'entreprise hôte. Pour les détails, nous renvoyons à notre étude relative à la mise en place de l'enseignement du droit au Sénégal, op. cit., p. 260.

l'étudiant devait subir deux épreuves sur 20 relativement à ses deux matières à TD, à savoir option Droit constitutionnel et institutions politiques et Introduction à l'étude du droit, droit des personnes et de la famille (donc droit civil) ou Histoire comparée des institutions et droit constitutionnel ou Histoire et Introduction au droit. Au total, l'étudiant qui obtenait 35 points, y compris l'examen partiel, c'est-à-dire la moyenne 10, était déclaré admissible. Et il venait à l'oral pour être entendu suivant le programme défini par le décret n° 84-1178 du 13 octobre 1984 fixant le programme des enseignements et les modalités de contrôle des aptitudes et des connaissances dans le premier cycle de la Faculté des Sciences juridiques, sur les autres matières, l'autre matière fondamentale non choisie en TD (droit constitutionnel ou droit civil ou histoire), économie politique générale, système politique sénégalais, institutions internationales et institutions judiciaires. Etaient définitivement admis à s'inscrire en deuxième année les étudiants qui obtenaient 70 points[148].

En effet, à l'époque, le jury considéré comme étant souverain, pouvait autoriser un étudiant qui a 34 points, parfois même 33, 50, à passer les oraux, mais cette indulgence ne peut être reconduite au moment des délibérations définitives.

Nous regrettons que l'oral qui est nécessaire à la formation du juriste, réputé grand orateur, ait perdu sa place essentielle dans la formation et l'évaluation de l'étudiant depuis que le nombre des étudiants a augmenté, et cela s'est accentué avec l'introduction du système LMD.

---

[148] Voir pour la suite, 2ème année de droit, le décret n° 84-1178 du 13 octobre 1984 fixant le programme des enseignements et les modalités de contrôle des aptitudes et des connaissances dans le premier cycle de la Faculté des Sciences juridiques, Journal officiel de la République du Sénégal du 24 novembre 1984, p. 756.

Selon la convention d'ARUSHA de 1981, le système LMD favorise la mobilité des enseignements et étudiants, le travail personnel de ces derniers et comporte trois diplômes : Licence en 3 ans, Master (2 ans) et Doctorat (3 ans)[149].

Nous proposons quelques éléments de la maquette de la première année de licence (L1)[150].

En L1, il y a deux semestres autonomes. Le semestre est devenu l'unité de base de la formation universitaire. Par conséquent, l'unité de temps de la formation n'est plus l'année universitaire mais le semestre.

Chaque semestre comprend 30 crédits. C'est dire que pour pouvoir s'inscrire en 2ème année de licence, l'étudiant doit capitaliser 60 crédits.

En effet, il peut être autorisé à s'inscrire en 2ème année, s'il a 42 crédits, mais à condition de valider les unités fondamentales comportant des travaux dirigés obligatoires. S'il a les 60 crédits de la L1, il est autorisé à s'inscrire en licence 3, si, bien entendu, il mobilise les 42 crédits de la L2. Il en est de même pour le passage du master 1 au master 2.

Il faut préciser que le nombre d'inscriptions administratives en L1 est de deux (2), donc le nombre maximum d'inscriptions administratives cumulées entre la L1 et la L2 est de quatre (4) : au total huit semestres pour obtenir l'ensemble des 120 crédits nécessaires à une inscription en L3.

Les 30 crédits sont répartis dans plusieurs unités d'enseignements majeures ou fondamentales et libres. Chaque unité

---

[149] A la place d'une thèse de doctorat d'Etat, qui durait traditionnellement plus de 6 ans, l'Etat propose 3 ans, certainement la période de 3 ans permet d'élever le niveau d'instruction des populations.

[150] En remerciant beaucoup Mesdames, les chefs de service de la scolarité de la faculté des sciences juridiques et politiques, Maguette SECK et Rose MENDY, expertes, qui nous ont permis d'actualiser nos informations.

d'enseignements est affectée d'une valeur en crédits. La moyenne d'une unité d'enseignements (10/20 ou 5/10) permet d'obtenir les crédits correspondants.

En effet, il y a compensation entre les éléments constitutifs d'une unité d'enseignements et entre les unités d'enseignements d'un même semestre. Etant considéré que chaque unité d'enseignements fondamentale comprend plusieurs éléments constitutifs.

Il importe de souligner que les semestres sont totalement indépendants, il n'y a donc pas de compensation possible entre les semestres.

Bien sûr, à l'intérieur du second semestre, le même mécanisme de compensation interne est envisageable, à savoir entre les moyennes des unités d'enseignements fondamentales (avec TD).

Toute moyenne obtenue est un nombre de crédits acquis définitivement.

Alors, avec le système LMD, un étudiant moyen et courageux a plus de chance d'obtenir une licence en droit, en trois ans, voire en quatre ans. C'est dire que normalement, le nombre de cartouchards va diminuer sensiblement.

Que dire de la préparation aux examens ?

2° Préparation des examens et copie d'examens

D'abord, nous précisons qu'avec l'arrivée du système LMD, l'habitude a été également prise de proposer des QCM (questions à choix multiples) aux étudiants. Effectivement, ce mode d'évaluation nécessite une grande préparation. Comme dans le cadre des autres types d'exercices, il est demandé aux étudiants de démontrer qu'ils ont bien assimilé et compris le cours. C'est aussi l'occasion de repérer et d'appréhender, en lisant la copie de l'étudiant, le début de subtilité et de la nuance du juriste. Il faut alors lire et relire avant de cocher ce que l'étudiant pense être la bonne réponse, si bien que les réponses peuvent être bonnes, mais qu'il lui est demandé de cocher la meilleure réponse. Bien entendu, il peut arriver que l'évaluateur demande au candidat de cocher plusieurs bonnes réponses. Et il est clair que l'hésitation, qui se traduit par une rature, est lourdement sanctionnée par un nul.

Ensuite, il est difficile de ne pas répéter les justes conseils livrés par le professeur Demba SY, en nous inspirant du *Bien écrire pour réussir ses études* de Jacques VASSEVIERE.

Effectivement, deux questions se posent ici :

– la manière de préparer les examens et
– celle de rédiger la copie d'examen.

Comment préparer ses examens[151] ?

"*Rien ne sert de courir, il faut partir à point*".

C'est ainsi que La FONTAINE concluait sa fable sur le lièvre et la tortue[152].

---

[151] Pour l'examen oral, des conseils très pratiques ont été formulés par le professeur Demba SY dans son ouvrage. Il est vrai que le système LMD n'exclut pas l'oral comme mode d'évaluation, mais avec le nombre pléthorique des étudiants, cette forme d'évaluation est de plus en plus abandonnée. Lire également, pour les épreuves orales, Isabelle DEFRÉNOIS-SOULEAU, *Je veux réussir mon droit*, op. cit., pp. 213 et suivantes.

[152] Citée par le Professeur Demba SY.

En matière d'examens, ce conseil doit être pris très au sérieux.

Seule la préparation antérieure permet de les réussir. Cette préparation consiste à effectuer à temps les révisions nécessaires.

Il faut se méfier de la simple mémorisation, au contraire, faire prévaloir la compréhension. En d'autres termes, les révisions seront l'occasion pour l'étudiant de vérifier s'il a compris ou non ce qu'on a essayé de lui enseigner, de lui communiquer.

En effet, pour paraphraser le professeur Demba SY, « *tout sujet d'examen en droit (...) exigera de l'étudiant qu'il fasse preuve d'une certaine intelligence, d'une réflexion personnelle dans la combinaison des différents éléments du sujet. Au niveau des études universitaires, il n'existe pas de récitation* »[153].

Certes, les révisions portent sur le cours magistral et les travaux dirigés, mais aussi, l'étudiant en droit doit savoir que les références bibliographiques, les informations générales, sont très utiles pour "bonifier" une copie. Ce sont elles qui font la différence entre l'étudiant de bon niveau et l'étudiant de niveau excellent.

Comment rédiger une copie d'examen[154] ?

Une copie d'examen est notée sur son fond en premier lieu, c'est-à-dire sur son contenu. Elle doit comporter l'ensemble des éléments qui répondent à la question posée. Mais une copie est également notée sur sa forme.

A ce niveau, quatre éléments entrent en ligne de compte : la présentation physique de la copie d'une part et l'expression, le style et l'orthographe d'autre part.

---

[153] Dembe SY, idem.

[154] Voir aussi, à ce sujet, Isabelle DEFRÉNOIS-SOULEAU, *Je veux réussir mon droit*, op. cit., pp. 123 et suivantes, qui a raison de conseiller aux candidats de ne pas faire de brouillon pour ne pas perdre trop de temps, sauf pour l'introduction et le plan détaillé.

* *La présentation physique de la copie*

La copie doit être claire et lisible. Isabelle DEFRÉNOIS-SOULEAU l'a dit de façon claire et nette :

Ayez l'art de mettre votre travail en valeur. Ne vous nuisez pas par négligence, relâchement, maladresse. Laissez une marge et écrivez lisiblement, sans serrer. Allez à la ligne dès que vous abordez une nouvelle idée. Faites apparaître très nettement votre plan en sautant des lignes à la fin de chaque partie et sous-partie. Adoptez un style simple et une terminologie précise. Faites des phrases courtes et précises. Chacune d'elle doit apporter une information nouvelle, et une seule. Les citations doivent être courtes, indispensables et mises entre guillemets[155].

Au fond, c'est, dans une certaine mesure, ce qu'on demande au professeur de droit, candidat à l'agrégation, mais oralement, en posant la voix, baissant le ton, annonçant ses parties et sous-parties, traitant successivement les divers points, sans répétitions, dégageant des enseignements, des leçons, et ce, pour permettre au jury, qui a pu bien noter le plan, d'en sentir la cohérence de la démarche et la pertinence des idées, qui s'enchaînaient progressivement. *En effet, ça coule !*

Sans une introduction rédigée à suffisance, donc, mettant bien en exergue tous les aspects du problème, il ne peut être question d'avoir des développements convaincants.

Rappelons que l'introduction doit amener le sujet, poser la question, dégager les éléments ou aspects (généralement au nombre de deux) de la solution et annoncer enfin le plan.

---

[155] Isabelle DEFRÉNOIS-SOULEAU, ibid. Chemin faisant, nous précisons que nos citations, souvent longues, participent à la clarté du message que nous voulons partager avec nos étudiants et nos collègues.

S'il s'agit d'un texte, celui-ci doit être situé dans son contexte historique, juridique ou économique et dans son genre littéraire (article de revue, de doctrine, etc.) ; une seconde étape consiste à dégager les deux, trois ou quatre idées essentielles du texte ; on dira ensuite comment on regroupe ces idées avant d'annoncer le plan.

Mais, quel que soit le devoir de droit, l'introduction sert à préparer le lecteur aux développements ultérieurs. C'est pourquoi l'on dit que c'est dès l'introduction qu'on juge une copie ; dès ce moment, l'examinateur sait si l'étudiant a compris ou non le sujet.

En ce qui concerne les développements, ils sont diffusés dans le plan en deux parties. En droit, il est conseillé à l'étudiant de se plier autant que possible à cette structure. Mais, un devoir en trois parties est tout à fait acceptable, à condition que ce triptyque soit bien justifié.

* *L'expression, le style et l'orthographe*

"*Tout ce qui se conçoit bien s'énonce clairement et les mots pour le dire arrivent aisément*"[156].

L'expression incorrecte est donc souvent le signe d'une pensée confuse, car, dit-on, alors elle se formule en phrases longues, alambiquées à loisir. C'est pourquoi il est conseillé de lire beaucoup, également de réviser les règles d'orthographe, de grammaire et de conjugaison, ainsi de pouvoir bien écrire, par exemple, en se servant du livre de Jacques VASSEVIERE qui propose des corrigés des exercices[157].

---

[156] BOILEAU, cité, par exemple, Alain, BLANC, « Réflexions d'un magistrat », LAPAC, *La parole et l'écoute lors des audiences pénales,* op. cit., p. 17.

[157] Jacques VASSEVIERE, *Bien écrire pour réussir ses études,* op. cit., p. 165 et s.

Il est, alors, conseillé aux étudiants de formuler de courtes phrases, comportant le sujet, le verbe et le complément.

Les fautes d'orthographe sont inadmissibles. Il faut donc relire sa copie pour corriger les fautes d'inattention ou autres coquilles qui ont pu parsemer la copie.

Nous remercions, donc, Monsieur Badoua SIGUINE, professeur de français, formateur au Centre de Formation Judiciaire (CFJ), qui a bien voulu relire ce livre pour édulcorer les remarques relatives aux fautes et maladresses de style.

Voici quelques conseils sur la qualité de la rédaction en français[158] !

Comme le professeur Demba SY, nous avons pu rencontrer une multitude d'expressions "malheureuses, maladroites" dans les travaux scientifiques.

L'étudiant doit s'exprimer de façon claire, précise afin de traduire réellement sa pensée[159], par conséquent, l'expression est incorrecte lorsque l'idée est confuse, et c'est souvent le cas, lorsque les phrases sont longues, compliquées ou lourdes, lorsqu'il y a des redondances, des fautes d'orthographe. C'est pourquoi il est conseillé de faire de courtes phrases, sujet, verbe et complément[160]. Et il faut prévoir un temps minimum pour se relire, pouvoir corriger les fautes d'inattention ou autres coquilles.

---

[158] En réalité, nous paraphrasons, à nouveau, les conseils du professeur Demba SY, connus de tous.

[159] « Les actes de la pensée peuvent être réduits à quatre : 1° ***concevoir*** (se former des idées) ; 2° ***raisonner*** et ***prouver*** ; 3° ***juger*** ; 4° ***ordonner*** (disposer) ses pensées. Ainsi la logique a été divisée en quatre parties correspondantes : 1° idées ; 2° raisonnement ; 3° jugement ; 4° méthode. », dit Polydore FABREGUETTES, *La logique judiciaire et l'art de juger*, op. cit., p. 14.

[160] Bien entendu, tout le monde n'est pas logé à la même enseigne. Certains possèdent mieux la langue de Voltaire que d'autres.

Par décret n° 75-1027 du 10 octobre 1975 relatif à l'emploi des majuscules dans les textes administratifs, le Président Léopold Sédar SENGHOR rappelait que l'adjectif prend la majuscule quand il est joint intimement au nom propre et fait corps avec lui, mais pas de majuscule lorsque l'adjectif désigne le saint lui-même[161].

Du côté de l'évaluateur, nous tenions à préciser, en tant qu'enseignant, d'année en année, corriger une copie est devenu pour nous une entreprise périlleuse, car nous prenons conscience que la copie qui se trouve entre nos mains est une vie, un avenir, un espoir[162], alors nous prenons le soin de bien lire et d'apprécier en toute objectivité, en considérant que la discipline juridique n'est pas une science exacte, mais elle demeure une science qui exige simplement un raisonnement convaincant.

Aussi est-il important de souligner que rater ses examens, c'est la vie. Dans la vie, on gagne, on perd. Sophie CHICHE et Mark SAMUEL l'ont bien dit : « (…) *les erreurs sont l'un des meilleurs moyens d'apprendre, et apprendre est le seul moyen*

---

[161] Décret n° 75-1027 du 10 octobre 1975 relatif à l'emploi des majuscules dans les textes administratifs, Journal officiel de la République du Sénégal (JORS) du 8 novembre 1975, p. 1022, modifié par le décret n° 80-770 du 24 juillet 1980 (articles 3 et 17), JORS n° 4785, numéro spécial du 28 août 1980. Le président Senghor a été présenté comme étant le premier légiste sénégalais par le magistrat et docteur en droit, Papa Assane TOURE, dans son livre sur *la légistique technique de conception et de rédaction des lois et des actes administratifs* : une tradition de gouvernance normative, Harmattan, Sénégal, décembre 2018. Encore, dommage, voilà un exemple d'expérience très utile aux facultés de droit, et ce, comme professeur associé.

[162] Mais l'espoir, le désespoir, dit Jean Bruller, Vercors, ne sont pas choses raisonnantes ni raisonnables. Et que les plus profonds tourments palissent vite ! Voir, VERCORS, Jean Bruller, *Le silence de la Mer*, Editions Albin Michel, 1951, p. 63.

de s'améliorer. (...) *que la réussite n'arrive pas au hasard, qu'elle est le résultat d'un cheminement où se conjuguent action, apprentissage et accomplissement.* (...) *Vous y parvenez parce que vous utilisez votre capacité à rectifier le tir et à corriger vos erreurs* »[163].

Donc, il faut avoir foi en soi, si « *Point n'est besoin d'espérer pour entreprendre, ni de réussir pour persévérer* »[164], dit le premier Doyen de la Faculté de droit et des sciences économiques de l'Université de Dakar, Roger DECOTTIGNIES qui rappelle que « *L'homme ne s'est pas donné la vie, et celle-ci lui est retirée malgré son désir de rester sur terre* »[165].

[163] Sophie CHICHE et Mark SAMUEL, Petit éloge de la responsabilité, Nouveaux Horizons, Paris, 2015, pp. 16, 19 et 145.
[164] Roger DECOTTIGNIES, « Prière à Thémis pour l'Afrique », *Revue sénégalaise de droit*, n° 1, août 1967, p. 15.
[165] Roger DECOTTIGNIES, ibid., p. 20.

2ème PARTIE

LES TRAVAUX SCIENTIFIQUES DE 3ème CYCLE (MÉMOIRE ET DOCTORAT)[166]

Nous allons relever les mêmes exigences scientifiques aussi bien en mémoire qu'en thèse. C'est alors une question d'élévation intellectuelle, de niveau d'études, de rigueur scientifique, mais la méthode demeure la même, y compris dans le cadre d'une rédaction d'articles.

L'étudiant est confronté à la difficulté de soumettre un projet de recherches pour le mémoire du master ou pour la thèse de doctorat. En quoi consiste le projet ?

Le projet consiste à, à la fin des études, selon le niveau, proposer un domaine du droit dans lequel l'étudiant veut mener des recherches approfondies, soulever des difficultés et poursuivre la réflexion. Il s'agit concrètement de proposer un sujet, de le contextualiser (situer le sujet), en montrant les raisons qui ont amené à le choisir, préciser les sens des termes utilisés dans la formulation du sujet, indiquer le sens de sa réflexion, l'objet de l'étude (l'approche), la question de la réflexion, l'utilité de l'étude, les hypothèses de recherches (ce que vous voulez

---

[166] Lire Michel BEAUD, *L'art de la thèse*, op. cit. pour préparer et rédiger un mémoire de master, une thèse de doctorat ou tout autre travail universitaire à l'ère du net, 216 pages.

démontrer)[167], la méthodologie de la recherche (outils de travail pour atteindre les objectifs envisagés) et constituer une bibliographie, mieux une revue de littérature (les études déjà faites, leurs orientations et ce qu'on pense, afin de frayer son chemin ou justifier son approche)[168].

Comment soumettre un projet de recherche parfaitement concevable, si l'on admet que rechercher consiste justement à chercher ce qui permet de trouver une solution ou des solutions à la question de recherches posée et, souvent difficile à traiter ? Bien entendu, que cela nécessite une lecture de documents, une revue de littérature, de cueillir des données vérifiables, en observant la vie en société, donc de préférence, en procédant à des enquêtes de terrain, et, en effet, une analyse des textes et un travail d'interprétation, de réflexion soutenue. Cela est d'autant plus vrai que la recherche permettra, au bout de plusieurs années, de présenter des résultats, de faire des propositions et des recommandations.

Le choix du sujet[169], selon nous, devait être guidé par le directeur de recherches (mémoire ou thèse), plus précisément le futur encadreur, par rapport à son domaine de recherche. Ce chercheur ou enseignant-chercheur a, au cours de sa lecture, de ses recherches, rencontré des sujets de mémoire ou de thèse à

---

[167] Par exemple, pour expliquer les conditions d'émergence médiatique d'un évènement international, Arnaud Mercier a posé quatre hypothèses, cf Arnaud MERCIER « Les médias vecteurs de mondialisation et « d'événementialisation » », La mondialisation de la communication, CNRS, Paris, 2010, p. 97.

[168] D'où, au titre de la présentation, par exemple, I Contexte et présentation du sujet ; II Approche et problématique ; III Intérêts, objectifs et résultats attendus ; IV Hypothèses et méthodologie de la recherche ; V Bibliothèque et revue critique de littérature, éventuellement questionnaire.

[169] Voir, pour le choix du sujet et du directeur de la thèse, Michel BEAUD, *L'art de la thèse*, op. cit., p. 22.

explorer[170]. L'idéal est de rattacher les sujets de recherches à des projets de recherches conduits par des professeurs, donc au niveau des centres ou laboratoires ou unités de recherches. En effet, compte tenu du nombre des étudiants et celui très faible des enseignants habilités à encadrer, il peut être difficile de dresser une liste suffisante de sujets pour tous les candidats. Il suffit de procéder à une sélection d'étudiants aptes à être admis en master et au doctorat. Nous regrettons que des commissions scientifiques soient constituées pour évaluer des projets de thèse soumis à l'appréciation des collègues, ayant accepté

[170] Notre Maître Samba TRAORE, qui fut notre directeur de thèse aux côtés du professeur Bernard Durand, dans le cadre d'une cotutelle de thèse entre Université Gaston Berger de Saint-Louis et Université Montpellier I, nous proposait, par exemple, de mener un travail de recherches sur l'inceste chez les toucouleurs ou peuls (du Fouta). Justement, quand nous avons obtenu le D.E.A. Histoire du droit et des faits économiques en 1997, le professeur DURAND nous a proposé de faire un travail de recherche doctorale sur la pratique contractuelle en Afrique : confrontation entre droit coutumier africain et droit français. Cela nous a conduit finalement aux Institutions et pratiques de crédit au Sénégal 1840 – 1940, en étudiant la situation des indigènes paysans entre grandes maisons de commerce et administration coloniale, soutenue le 12 novembre 2001. Souvent, nous aussi, nous relevons dans nos lectures des sujets de mémoire ou de thèse, que nous proposons à nos étudiants. Toutefois, nous avions proposé l'assistance médicale à l'époque coloniale, mais nous n'avons pas trouvé de candidat pour ce travail de recherches, et finalement nous en avons fait un article, qui a été publié dans la revue générale de droit médicale n° 70, mars 2019. Au moment où nous écrivons ce manuscrit, nous avions rencontré les sujets suivants pour un mémoire ou une thèse en histoire du droit : « *L'intérêt supérieur de l'enfant dans la tradition africaine* » ; « *L'affaire Haman Nouh* » (évoquée devant le juge de paix et la Cour d'assises) ; « *La curatelle aux biens vacants* » ; « L'impôt de capitation » (pour aborder les abus des intermédiaires comme chefs de canton, en tant que responsables de la rentrée de l'impôt, et la mise en gage des enfants des indigènes assujettis), notamment.

d'encadrer les intéressés, et qui, par la suite, décident de rejeter les candidatures sans prendre le soin de motiver suffisamment leurs décisions ; ce qui frustre considérablement les collègues qui avaient signé les attestations d'encadrement. Il importe peu que ces dernières aient été exigées par l'école doctorale pour le dépôt[171], surtout si, au moment de l'appréciation du dossier au sein de la commission, les membres ne connaissent pas l'encadreur[172].

Ainsi précisé, nous avons cru qu'en examinant la méthodologie du mémoire de master d'abord, ensuite la particularité de la thèse en droit, il est aussi juste de dire quelques mots de la soutenance de la thèse et la maitrise de la parole.

2.1 Le mémoire de master

Qu'est-ce qu'un mémoire ? Pourquoi la rédaction d'un mémoire est nécessaire ?

Le mémoire est un travail personnel de recherches, sanctionnant la fin de formation du master, permettant d'apprécier le niveau de connaissances théoriques et d'aptitude à la recherche de l'étudiant. Il a la tradition de relever d'une recherche appliquée. Mais aussi, il peut être professionnel[173].

---

[171] Il convient dès lors de soustraire des pièces à fournir l'attestation d'encadrement.

[172] Alors qu'à l'école doctorale des sciences juridiques, économiques et de gestion de l'UCAD, le document figure est au dossier ou que la question est souvent posée au candidat.

[173] Nous tenions à remercier l'informaticien Hamath BA qui a bien voulu partager avec nous son expérience et sa documentation sur la méthodologie de la recherche.

La soutenance en constitue un examen académique, qui offre au candidat la possibilité de se faire comprendre, d'exposer ses résultats de recherches, de démontrer sa personnalité et son aptitude à la discussion (capacité de communication). Le plagiat est lourdement sanctionné.

Nous intervenons pour aider les étudiants qui rencontrent des difficultés à élaborer le travail de mémoire, qui nécessite un agencement d'éléments de recherches et traduit une démonstration de la pertinence d'une valeur ajoutée à l'ordonnancement juridique.

Dans le cadre des masters professionnels, il est demandé aux étudiants de déposer des mémoires qu'ils doivent soutenir à la fin de la formation. Toutefois, il est souhaité que l'étudiant en master professionnel effectue d'abord un stage. Et le mémoire s'appuiera sur les réalités de ce stage, avec des considérations d'ordre théorique, ayant nécessité, dans une certaine mesure, une recherche fondamentale et un développement remarquable des connaissances. Bien évidemment, il faut tenir compte des exigences de rédaction et de présentation du mémoire en droit.

Comment rédiger un mémoire ? Comment soutenir un mémoire ? Quelles en sont les perspectives ?

Cela dit, le travail de mémoire de master, comme le projet de thèse, suppose :

• La phase de recherches

– Domaine de recherches (compétences – spécialisation)

– Sujet de recherches (choix – projet – problématique, dans le cadre d'un mémoire professionnel en relation avec une activité professionnelle)

– Outils de recherches (documents à exploiter : papier et informatique)

• La phase de la rédaction

– *Elaboration d'un plan* (capacité de synthèse, en formulant une réponse générale à la question centrale dégagée). Effectivement, la démonstration repose sur une façon de voir, une vision. Ainsi FICHE et SAMUEL ont pu écrire : « *Plus votre vision sera claire, plus vous augmenterez vos chances de créer ce que vous souhaitez* »[174] ;

– *Raisonnement rigoureux* : méthodes et art (style, écriture, caractère…). Pour un juriste, chaque titre nécessite un propos introductif, duquel découle une question, et la recherche de solution part de la législation, de la jurisprudence et de la doctrine, sans négliger les usages (coutume, ce qui nécessite des enquêtes de terrain) et sa position, son point de vue, sa façon de voir les choses.

• L'étape de la soutenance

– Signification (exposer ses résultats de recherches, ses constats) ;

– Préparation (continuer à lire son travail, même après dépôt du mémoire, en suivant l'actualité) ;

– Produire un errata en cas de fautes d'impression, mais seulement pour les mots ou expressions qui détournent le sens de l'idée[175] ;

– Exposé (comportement et aptitude à la discussion, en évitant d'interrompre les membres du jury) ;

Perspectives (correction et avenir, y compris la thèse de doctorat).

---

[174] Sophie CHICHE et Mark SAMUEL, op. cit., p. 45.

[175] S'il n'est plus possible de récupérer le travail, il conviendra de s'en excuser au moment de la soutenance. Il en est de même dans le cadre d'une thèse de doctorat.

Ainsi, nous renvoyons aux techniques de recherches et d'enquêtes évoquées plus haut. De même, les méthodes de raisonnement développées précédemment doivent être valablement observées dans le cadre de la rédaction du mémoire.

Toutefois, nous proposons d'examiner la présentation du mémoire, de la page de garde à la table des matières.

Page de garde. C'est le visage du « bébé ». Elle permet de connaître l'établissement qui délivre le diplôme, le nom du master (mention et option), le sujet de réflexion, l'auteur du mémoire, ainsi que le nom et la fonction de l'encadreur, ce dernier étant bien indiqué à préciser sa fonction. Egalement, elle précise l'année de soutenance. La tendance consiste à mettre en bas de la page de garde et au centre l'année universitaire, par exemple, 2018-2019, alors que l'année n'est plus l'unité de base de la formation universitaire. C'est plutôt le semestre. Dès lors, nous proposons, comme dans le cadre de la thèse, de mentionner la date de soutenance, bien sûr, qui dépendra de l'avis de l'encadreur et celui du chef d'établissement.

Dédicace. Pour un travail scientifique universitaire, ce serait une bonne chose de citer un grand Maître servant de référence, de guide dans le domaine de recherches, ayant servi de source d'inspiration dans le cadre de la réflexion. C'est alors une reconnaissance scientifique[176]. Cependant, en consultant le

---

[176] Il en est ainsi, en matière de justice, lorsqu'on dédie le travail à notre regretté Kéba MBAYE ou à Monsieur le premier procureur de la République, Ousmane CAMARA, tous deux anciens Premiers Président de la Cour suprême du Sénégal. Il en est également ainsi lorsqu'on écrit sur le panafricanisme, il nous parait juste et élégant de citer comme référent Kwame Nkruma, père du panafricanisme. Bien sûr, notre parrain Cheik Anta Diop a sa première place dans tous les travaux scientifiques qui se rapportent au génie africain et à la mémoire collective de l'Afrique. Pour nous, historiens du droit, notre grand Maître Bernard DURAND reste une grande référence en droit colonial et, comme Samba TRAORE, Henri LEGRE et Mamadou BADJI en droit traditionnel africain, notamment.

dictionnaire français Larousse, il est indiqué essentiellement qu'il s'agit d'un hommage qu'un auteur fait de son œuvre à quelqu'un en la lui dédiant par une mention imprimée en tête du livre. Et la tendance, c'est de renvoyer, en une ligne, à ses parents ou proches[177].

Remerciements. Cette page vous permet de remercier les personnes qui vous ont aidé à écrire le mémoire ou la thèse. Vous pouvez effectivement remercier vos parents, vos proches, mais pas toute la promotion, ni les enseignants qui donnent des cours dans votre établissement. Les étudiants ne doivent pas mentionner leur conviction religieuse, à « ALLAH », à son « Prophète », à tel « marabout », car c'est un travail scientifique, et que la religion relève d'une conscience personnelle[178]. Cela est d'autant plus vrai que les membres du jury ne sont pas religieux, mais des enseignants ou experts chargés d'évaluer votre travail.

Abréviations, **sigles** et **acronymes.** Il est difficile de distinguer abréviation (pour raccourcir un mot ou groupe de mots, exemple alinéa, on écrit al. ou Journal officiel, J.O.) et sigle qui est également un mot correspondant à une abréviation.

Il en est de même de l'acronyme qui est un sigle qui se traduit, dès la création, en des lettres initiales. Ainsi, par exemple, ONU (Organisation des Nations Unies), OIT (Organisation Inter-

---

[177] Par exemple, Florence MARUEJOL, L'Egypte ancienne pour les nuls (Editions First, février 2017, 370 pages), a, au niveau de la dédicace, dédié, esentiellement, son livre à ses parents et à ses amis.

[178] « *Que chaque homme pratique la forme de foi qui lui convient* » et « *Que chacun professe la religion de son choix* », disait le commandant Fournier, d'après Amadou Hampâté BA , Oui mon commandant, op. cit., pp. 238 et 324.

nationale du Travail) et ANAQ (Agence Nationale d'Assurance Qualité).

Dans ces conditions, nous conseillons à l'étudiant de mettre à l'entête de la page **Abréviations – sigles et acronymes**, ainsi il ne peut vous être reproché de confondre les termes.

Sommaire. C'est le résumé de la table des matières, en grandes lignes, et qui ne dépasse pas, au mieux, une page. Il doit être placé avant l'introduction ou, s'il y a lieu, l'épigraphe.

Epigraphe. C'est une citation qui permet de donner un avant-goût de l'étude. C'est alors une façon d'impressionner votre lecteur qui, juste après, entame la lecture de votre introduction.

Bibliographie. C'est votre documentation. Elle comporte de la législation, des ouvrages, des articles, des décisions de justice et toutes autres sources d'informations ayant servi d'appui à votre argumentaire. Elle est découpée selon la nature de vos documents.

Les étudiants doivent bannir l'imitation. Puisque dans le travail précédent, il a été mentionné dans la bibliographie ouvrages généraux et ouvrages spéciaux ou spécifiques, alors, l'auteur estime qu'il devrait pouvoir procéder ainsi. Ouvrages généraux concernent les travaux des auteurs qui portent sur le domaine ou la matière du droit dans lequel ou laquelle se situe votre sujet de réflexion, alors que les ouvrages spéciaux ou spécifiques visent les études qui correspondent au thème de vos recherches.

Pour le livre, il faut indiquer l'auteur, le titre, l'éditeur, l'année d'édition et la ville d'édition. Si vous devez ajouter le nombre de pages, il faudra, dans ce cas, le faire pour tous les ouvrages, même s'il faut tchatcher, car on ne comprendra pas qu'il y ait des nombres de pages pour certains et non pour d'autres. Dans ce cas, ce sera du remplissage. En vérité, il y a des ouvrages de première main, ceux que vous avez, vous-même, trouvés, des ouvrages de seconde main, que vous avez découvert, par l'intermédiaire des premiers.

S'agissant des articles, il faut nécessairement indiquer le titre et la revue (annuaire, périodique…) dans laquelle il a été publié, en précisant la page. Pour les colloques et séminaires, il suffit de faire connaître le titre, le lieu et la période. Il en est de même pour les décisions de justice, il est important de préciser par qui la diffusion est faite. En effet, il se peut qu'il s'agisse d'un site. En ce qui concerne les enquêtes de terrain, il y a lieu de dresser un questionnaire, que vous mettrez en annexe, en dressant un tableau des entretiens effectués (interlocuteur, date et lieu).

A propos de la **webographie**, les étudiants confondent souvent sites et moteurs de recherches (www.google.fr). Et il est conseillé de toujours indiquer la date de consultation, puisque les documents peuvent disparaître entre temps.

Notes de bas de page. Elles servent à détailler des idées qui risquent d'alourdir le corps du texte et permettent d'indiquer les sources d'informations répertoriées dans la bibliographie[179]. C'est dire qu'elles doivent correspondre exactement à la documentation. En clair, tous les éléments de la bibliographie doivent être visibles dans les notes en bas de page. En ce qui concerne la taille, les noms des auteurs, des revues, et les titres, les répétitions de références, notamment, nous avons essayé de suivre les conseils de nos maitres et des éditeurs, comme le

---

[179] Pour plus d'explications, cf Michel BEAUD, *L'art de la thèse*, op. cit., p. 136.

montrent, sauf omossion ou erreur, la rédaction de nos notes dans ce manuel de méthodologie[180].

OP. CIT. signifie que le document a été déjà cité et référencé, pour éviter de tout reprendre, puis on note la page consultée.

IDEM ou **IBIDEM**, c'est lorsqu'on cite le même document au même endroit. On n'est donc pas obligé de noter, à nouveau, la page.

Index. Défini plus haut, il est établi par ordre alphabétique sur la base des mots clés de votre texte, et constitue des guides de recherches. Il convient de bien sélectionner les entrées, en évitant les termes du sujet, qui reviennent souvent dans votre étude.

Annexes. Ce sont les documents d'accès difficile qui permettent d'illustrer les développements précédents. La mise en annexe doit être utile et ne pas servir à gonfler le mémoire. Le nombre de pages, cinquante en mémoire au minimum, y compris les annexes, nous paraît raisonnable. Mais il convient de préciser qu'au fond ce qui importe, c'est ce qui se dit, et qui

---

[180] Les notes de bas de page sont saisies en taille 10. Aussi, il est recommandé de mettre en majuscules les noms des auteurs (en toutes lettres), en italique les noms des revues, les titres des ouvrages, des livres, les expressions latines. Pour les articles de revue, il est conseillé d'indiquer les prénom et nom de l'auteur, en mettant le titre de la revue en italique, et le titre de l'article entre guillemets (on écrit dans ou in s'il s'agit d'un ouvrage collectif, et ce avant le titre de l'ouvrage). Aussi pour les répétitions de références, il est proposé d'écrire le titre de l'ouvrage sous forme abrégée, cf Recommandations de la revue d'histoire Outre - Mers. En outre, en ce qui concerne les citations, nous renvoyons au corps du texte.

demeure convaincant et assorti d'une rigueur scientifique. Après, il y a éventuellement les tableaux et graphiques, qui ont la même utilité que les annexes, ainsi ils doivent être organisés dans le même sens.

Table des matières. C'est le détail, la présentation des différents points traités dans le mémoire et indiqués par des numéros de page, ainsi de la première partie au béta ou alpha, selon notre façon habituelle de travailler. Par conséquent, la table des matières, comme l'index, permet au lecteur de retrouver rapidement ce qu'il y cherche.

Tout ce qui précède est valable pour la thèse de doctorat. C'est pourquoi, nous reviendrons sur la soutenance et la maitrise de la parole, en évoquant la thèse de doctorat en droit.

2.2 La thèse de doctorat en droit[181]

Suivant les réformes engagées par l'Université de Dakar depuis l'année académique 1969-1970, le doctorat comporte deux parties : le diplôme d'études supérieures et la soutenance d'une thèse, qui offre le grade de Docteur d'Etat, le grade le plus élevé. Le doctorat d'agrégation es sciences juridiques était destiné à assurer la formation des personnels enseignants sans préjudice des modalités de recrutement dans les différents corps de l'enseignement supérieur. La durée des études était de quatre

---

181 Dans leur livre, Pierre ROMELAER et Michel KALIKA, *Comment sa réussir sa thèse ? La conduite du projet de doctorat*, DUNOD, Paris, 2007, répondent à toutes vos questions, notamment comment choisir un sujet et un directeur de thèse et comment rechercher et exploiter l'information ? Ils distinguent thèse classique et thèse sur travaux. Aussi, lire Association CONTACT, en partenariat avec la Maison des écoles doctorales de Montpellier, Guide du doctorant, Copidac, Montpellier, novembre 2010.

à six ans en moyenne qui aboutit à la rédaction et à la soutenance devant un jury international. Parmi les étudiants inscrits pour les grades de Docteur, certains étaient déjà engagés dans un secteur de l'activité nationale et soucieux, non seulement de parfaire leurs cultures économiques et juridiques mais d'acquérir, aux niveaux théoriques et pratiques, les connaissances progressivement approfondies de nature à améliorer leur qualification professionnelle[182].

Pierre Romelaer et Michel Kalika ont raison de considérer que mener à bien une thèse est un processus qui nécessite professionnalisme, méthode et rigueur. La thèse doit être pilotée[183].

« *Il n'y a pas de petite thèse, il n'y a que des petits thésards* »[184].

Il m'a été reproché de ne pas chercher à prendre du recul et une tendance à justifier contre toute évidence et systématiquement mes positions, ce qui paraissait comme le refus de me remettre en cause.

---

[182] Pour plus de détail, lire notre étude sur la mise en place de l'enseignement du droit au Sénégal, op. cit., p. 260.

[183] Pierre ROMELAER et Michel KALIKA, ibid, p. 2.

[184] Jean-Marc MOUSSERON, cité par le professeur Daniel MAINGUY, directeur de l'école doctorale de Montpellier 1 dans son guide de la thèse en droit. Aussi, nous avons, à titre indicatif, relevé d'autres éléments bibliographiques sur la thèse : A.F.N.E.D, *La thèse de doctorat en droit et la recherche juridique*, LGDJ 1993 ; Michel BEAUD, *L'art de la thèse*, éd. la découverte 1999 ; Henri CAPITANT, Comment il faut faire sa thèse de doctorat en droit, édition Hachette (et BNF), Paris 1926, du même auteur *La thèse de doctorat en droit*, édition 3, 1935, 4ème éd.1992 ; Simone DREYFUS : *La thèse et le mémoire de doctorat*, éd.Cujsas 1983, 3ème éd. avec L.Nicola VILLIERME, 2000 ; Raymond GASSIN, *Une méthode de la thèse de doctorat en droit*, *Rev.rech. jur.* 1996, p. 1167.

Alors, qu'est-ce qu'une thèse de doctorat ? Qu'est-ce qu'on attend du doctorant en droit ? Et qu'en est-il, en particulier, d'une thèse en histoire du droit ?

Une thèse de doctorat en droit est une contribution de qualité, une opinion importante et très élevée, émise par un auteur sur une question de droit. C'est d'autant plus vrai que l'Université dégage sa responsabilité, en disant que ce sont les opinions de l'auteur, et cela ne l'engage pas.

Voici la formule traditionnelle : « *L'université n'entend donner aucune approbation ni improbation aux opinions émises dans les thèses : ces opinions doivent être considérées comme propres à leurs auteurs* ».

La thèse consiste donc à poser un problème de droit discuté et à y apporter sa contribution, son idée, sa position, son opinion, en résumé, sa thèse. C'est dire, pas de thèse sans problème, sans difficulté en droit. Il n'y a donc pas de thèse, si la question est clairement posée et résolue par la jurisprudence et la doctrine, a fortiori, lorsque la loi est claire, précise et bien adaptée aux réalités du milieu, donc bien acceptée et suivie par les individus vivant en société.

C'est dire, également, il n'y a pas de thèse, lorsqu'on paraphrase les autres écrits[185], on répète et, même quand on a le don de la synthèse des opinions doctrinales et des analyses jurisprudentielles, en compilant les textes de loi. Elle suppose, dès lors, des recherches approfondies, une revue de littérature, se traduisant par une analyse doctrinale rigoureusement menée, une dépouille jurisprudentielle passée au crible, des enquêtes de terrain soutenues par une technique sociologique ou anthro-

[185] Rappelons qu'également, le plagiat est rigoureusement sanctionné.

pologique sérieuse. Elle s'opère, effectivement, avec du recul pour démontrer la véracité de sa position[186].

C'est pourquoi l'entreprise doctorale s'inscrit dans une durée considérable mais très courte de trois (3) ans, avec le système LMD. Et durant cette aventure, le découragement va vous habiter tout au long. Ainsi, nous recommandons une activité sportive régulière.

Si, effectivement, l'objectif d'une thèse, c'est d'obtenir le titre de docteur délivré par une université[187], pour s'insérer dans la carrière d'enseignant-chercheur, maître de conférences et professeur, ou se faire recruter ailleurs, voire dans le cadre d'une activité professionnelle, bénéficier d'une promotion, mais aussi, et au fond, les études doctorales constituent un moyen de s'élever sur le plan intellectuel, de développer son esprit, en étant apte davantage à exercer de hautes fonctions, en renforçant ses compétences et assurant de grandes responsabilités, suivant une éthique professionnelle vertueuse[188].

L'éminent professeur de Montpellier, Mousseron, indiquait que l'apport d'une thèse à l'intellect d'un doctorant peut être représenté par une courbe de Gauss : « *la préparation apporte beaucoup en début d'opération ; la courbe devrait ensuite planer pour s'incurver vers le bas* »[189].

---

[186] La thèse est une première expérience professionnelle dans la recherche, cf Association Contact, *Guide du doctorant*, Copidac, Montpellier, novembre 2010, p. 12.

[187] Qui sanctionne l'aptitude à mener une recherche scientifique de haut niveau, dit le guide du doctorant de l'Association Contact, Copidac, Montpellier, novembre 2010, p. 12.

[188] En France, et cela devrait être le cas dans la zone de l'UEMOA (comme en Côte d'Ivoire), le doctorat permet d'accéder à l'école ou l'institut de formation des avocats, de préparer le capa pour pouvoir s'inscrire au grand tableau et exercer la profession d'avocat.

[189] Jean–Marc MOUSSERON, l'approche de la thèse, cité par Daniel Mainguy, *Le guide de la thèse en droit*, ancien directeur de l'école doctorale de Montpellier I, p. 27.

Méditons ce propos de Polydore FABREGUETTES : *« Les actes de la pensée peuvent être réduits à quatre : 1° **concevoir** (se former des idées) ; 2° **raisonner** et **prouver** ; 3° **juger** ; 4° **ordonner** (disposer) ses pensées. Ainsi la logique a été divisée en quatre parties correspondantes : 1° **idées** ; 2° **raisonnement** ; 3° **jugement** ; 4° **méthode**. »*[190].

Tel est, il nous semble, le sens de la thèse, et le moment arrive de tenter de répondre au comment mener et réussir une thèse de doctorat en droit, et ce, avec quelle technicité.

Pour réussir une thèse en droit, nous proposons d'adopter l'art traditionnel du juriste (A), et pour l'historien du droit, de tenir compte de la spécificité de sa discipline (B).

Aussi, la thèse de doctorat doit faire l'objet d'un enseignement doctoral, d'où la création des écoles doctorales à l'UCAD (C).

A/ De l'art traditionnel du juriste

Le juriste détermine particulièrement l'approche du sujet (1°) et se soumet à la manière habituelle de raisonner (2°).

1° De l'approche du sujet de thèse[191]

Le Doyen Mamadou BADJI disait que la thèse est un travail d'écriture et de réécriture[192]. C'est trois choses : ***1° le sujet***,

---

[190] Polydore FABREGUETTES, *La logique judiciaire et l'art de juger*, op. cit., p. 14.

[191] Pour beaucoup plus de détail, voir le guide de la thèse en droit, Ecrits et textes rassemblés par Danièle MAINGUY, Professeur à la faculté de droit de Montpellier, Directeur de l'Ecole doctorale « Droit et sciences sociales ».

[192] On va, ajoute –t- il, beaucoup dépenser. Il faut, dès lors, prévoir une somme forte, puisque la première mouture, comme la deuxième, sera jetée dans la poubelle.

dans une discipline donnée ; ***2° les sources***, et ***3° l'apport*** par rapport au domaine du sujet[193].

Donc, la première phase dans le cadre des études doctorales, c'est de trouver un thème ou sujet de thèse et un enseignant habilité à encadrer la thèse[194]. De nos jours, à l'université Cheikh Anta Diop, l'école doctorale des sciences juridiques, politiques, économiques et de gestion, exige, outre la condition de diplôme, un projet de recherches qui sera soutenu devant un jury composé en fonction de la formation doctorale. Pour ne pas frustrer les universitaires qui voyaient leurs candidats, à qui ils avaient délivré des attestations d'encadrement, rejetés par leurs pairs, désormais, l'attestation d'encadrement n'est exigée qu'après que le jury a validé le projet de thèse.

Nous pensons qu'en première année de thèse, il est difficile de laisser les candidats choisir leurs sujets et rédiger des projets de thèse[195]. Il nous paraît plus indiqué de laisser davantage les enseignants-chercheurs ou chercheurs de l'université, selon leurs domaines de recherches ou activités dominantes, proposer

---

[193] Ce propos du Recteur BADJI a été proponcé lors de la soutenance de thèse de doctorat de Madame Mariam MAIGA sur la responsabilité médico-hospitalière en contexte africain : étude de droit malien. Cette soutenance à laquelle nous avons participé, aux côtés des professeurs Samba TRAORE, Bakary CAMARA et Ibrahim DIALLO, a eu lieu le 14 novembre 2020 à l'Université Gaston Berger de Saint-Louis.

[194] Association Contact, Guide du doctorant, Copidac, Montpellier, novembre 2010, p. 12 et suivantes.

[195] Dans son guide du doctorant, l'Association Contact a raison d'écrire que le sujet de thèse qui est proposé par votre directeur est souvent différent de ce qui sera en définitive réalisé au cours de la thèse. Le sujet initial peut paraître flou, ne soyez donc pas surpris si vous n'obtenez pas un programme détaillé sur trois ans : c'est impossible ! Cf Association Contact, Guide du doctorant, Copidac, op. cit., p. 52.

des thèmes de recherches. D'où l'utilité des laboratoires ou instituts de recherches qui aideront les candidats à avancer dans leurs recherches[196].

Effectivement, il faut connaître la matière, le champ de recherches pour pouvoir identifier des difficultés en droit, autour desquelles, on peut construire un sérieux projet de recherches. A cela s'ajoute que le jury de l'école doctorale doit être composé de spécialistes, en tout cas de personnes qui connaissent le domaine de recherches visé dans le projet du candidat. Nous estimons, par ailleurs, que le projet de recherches peut s'inscrire dans deux ou plusieurs disciplines du droit, la pluridisciplinarité étant bien appréciée, en notre temps.

Selon le professeur Mainguy,

La plupart des thèses sont, disons, « convenues », en ce sens qu'elles s'inscrivent dans des domaines traditionnels, consensuels. C'est bien entendu très important, les institutions juridiques essentielles étant inscrites dans ces domaines. On note, cependant, une disproportion manifeste, et ce, écrit sans aucune acrimonie, pour certains sujets, le droit des contrats, le droit du travail, le droit international privé, aux dépens cependant du droit des affaires, de façon assez surprenante, du droit de la procédure ou de sujet plus fondamentaux ou plus transversaux, voire plus originaux. Or, ces sujets sont souvent d'un très grand intérêt, en premier parce qu'ils révèlent des manières différentes de voir, d'étudier le droit ou de mettre en scène des disciplines différentes. C'est évidemment le cas des rapprochements juridiques proprement dit, avec des thèses de droit comparé, mais aussi avec des thèses interdisciplinaires, de

---

[196] D'ailleurs, la réinscription n'est pas acquise de plein droit. Elle dépend de l'avancement de la thèse.

philosophie du droit, associant droit et économie, droit et sociologie ou science politique, droit et histoire, etc.

« *Je voudrais, tout d'abord, marquer mon désaccord le plus absolu envers une distinction entre "thèse de professionnel" et "thèse d'universitaire" qui, au mieux voudrait ressusciter une malencontreuse dissociation entre thèse de 3ème cycle et thèse d'état qui, engagée au début des années 80, a heureusement disparu au début des années 90* ». C'est l'avis du professeur Mousseron[197].

Cela dit, dans un projet de thèse, il faut préciser ce qu'on veut étudier, en indiquant et fixant le périmètre de réflexion. Effectivement, de la manière d'aborder son sujet dépendra la problématique. Par problématique, nous entendons une question centrale, de laquelle découlent d'autres problèmes. Et ces problèmes vont conduire à des hypothèses de recherches spécifiques.

L'objectif est de trouver un "module d'analyse". « *Un premier conseil est de progresser par voie de questions de façon à maintenir l'intérêt du lecteur mais, surtout, à maintenir l'éveil et la curiosité du scripteur. L'interrogation, le point d'interrogation ont des vertus que j'ai retenues dès ma première leçon d'agrégation animée par Jean Boulanger, l'assesseur de Ripert dans son Traité de Droit civil. Notre module d'analyse va être, la plupart du temps, un "module de questionnement"* »[198].

Cela étant, les hypothèses de recherches nécessitent une revue de littérature ; les juristes diront une bibliographie, une organisation du temps de recherches, en identifiant les centres

[197] Cité par Danièle MAINGUY, *Le guide de la thèse en droit, écrits et textes*, op. cit.

[198] Jean-Marc MOUSSERON, l'approche de la thèse, op. cit., p. 15.

de documentation, les lieux d'enquêtes, et constituant des notices ou fiches bibliographiques.

A cela s'ajoutent les documents non textuels : iconographique (image, photographie et diapositive[199] ; internet (international Network, un réseau informatique mondial de production et de diffusion de l'information[200]) ; ethernet (norme de communication ou de transmission utilisée dans les réseaux locaux, reposant sur un câble, exemple coaxial ou fibre optique, et autorisant des transferts de 10 Mbits/s, 100 Mbits/s ou 1 Gbit/s)[201].

Il conviendra, dès lors, de constituer une notice ou la fiche bibliographique, en relevant sur un document l'ensemble des informations[202], se servant du catalogue (manuel ou informatisé), de la cotation (place du document dans la bibliothèque) et de l'index (localisation de termes et de thèmes)[203].

[199] Il y a aussi un aspect sonore (enregistrement magnétique), audiovisuel (films, diaporamas) et électronique.

[200] Réseau est un ensemble d'ordinateurs interconnectés, permettant l'échange d'information et le partage des ressources. Le support de liaison est une technologie permettant de connecter les ordinateurs entre eux (câble, coaxial, fibre optique, Wifi, Wimax, satellite, ..).

[201] Voir à ce sujet, Edith JAILLARDON et Dominique ROUSSILLON, *Outils pour la recherche juridique, Editions des archives contemporaines et Agence universitaire de la francophonie*, édition février 2008, p. 23. Autant l'Internet se présente sous le signe d'une source inépuisable de renseignements, d'accès à de grandes bibliothèques du monde et de commande de documents par courrier électronique, autant il comporte parfois un contenu peu fiable, en raison de la diversité de l'information et de la liberté de création de site (sérieux ou bidon). Néanmoins il faut faire confiance aux sites officiels, comme www.legifrance.

[202] dont le nom de l'auteur, le titre, l'éditeur et l'année d'édition, le nombre de pages et le numéro international normalisé (ISBN ou ISSN).

[203] L'index, généralement alphabétique, facilite l'élaboration d'une fiche bibliographique, avec des points de recherches, des thèmes, des sujets ou des mots clés.

Nous conseillons à nos étudiants de rédiger dès qu'ils obtiennent et traitent les informations.

2° De la technique rédactionnelle de la thèse[204]

Qu'il nous soit permis de revenir sur les conseils qui ont été donnés aux apprentis en droit, puisqu'ils sont valables pour les doctorants. Ce sont les mêmes méthodes de pensée et de raisonnement en droit. C'est le même style écrit, qui est exigé. Seulement, il y a plus de rigueur dans l'écriture scientifique.

Et l'on ne saurait réussir un écrit juridique sans la maîtrise parfaite de la langue française, spécialement des règles d'orthographe, de grammaire, de conjugaison, de syntaxe. L'encadreur en thèse, comme toute autre personne, ne peut pas lire un travail truffé de fautes. D'ailleurs, il existe un logiciel qui aide à la correction du texte[205].

---

[204] Michel BEAUD, *L'art de la thèse*, op. cit., pp. 121 à 128 donne des conseils pratiques pour la rédaction de la thèse.

[205] Dans « *REUSSIR SON DROIT* », le Professeur Demba SY a élaboré un guide méthodologique relatif aux cours, travaux dirigés, exercices et la préparation aux examens, inédit. Le professeur Demba SY disait dans son codex de méthodologie en droit que : « *Les fautes d'orthographe qui émaillent les travaux provoquent l'irritation du lecteur. A ce niveau, deux sortes de fautes sont à distinguer. Les premières sont inévitables, parce que l'auteur s'est aventuré à employer un mot, un terme ou une expression dont il a une mauvaise connaissance du sens et de l'écriture. Pour ne pas commettre cette première catégorie d'erreurs, il suffit de n'écrire que ce dont on est sûr, et essayer d'améliorer son vocabulaire par la lecture. La deuxième série de fautes peut être tout autant évitée puisqu'il s'agit de fautes d'inattention. Un peu de concentration et la relecture permettent d'y remédier* »

Le professeur Mousseron expliquait que « (…) *le directeur de thèse n'est pas un moniteur de chaque instant ni un correcteur d'orthographe* »[206].

En effet, il importe, ici, de préciser le rôle du directeur de thèse ou directeur de recherches[207], qui qui va se charger, normalement, dans son champ de recherches, d'aider le doctorant à ficeler un pojet de recherches innovateur et utile au plan scientifique. Une fois le projet validé par un organe scientifique, il va assurer le suivi du bon déroulement des travaux de la thèse. Pierre Romelaer et Michel Kalika ont bien résumé l'utilité du directeur de thèse dans leur ouvrage *Comment réussir sa thèse* ?[208]. Il ne fait, en effet, que valider les différentes étapes d'évolution du travail, avec des jugements scientifiques conformes, des orientations vers des lectures, des activités de contacts avec le terrain et d'analyses. Mais la thèse reste la thèse du thésard, le directeur intervient en cas de difficulté et se charge d'assurer la cohérence à la démarche et à la culture scientifique. Ainsi, il est nécessaire de déposer des rapports mensuels d'avancement des travaux de la thèse. Les ateliers, conférences et séminaires organisés par les laboratoires des écoles doctorales sont, alors, d'une grande utilité pour animer fortement les formations doctorales.

---

[206] Cité par Danièle MAINGUY, *Le guide de la thèse en droit, écrits et textes*, op. cit.

[207] En Afrique, en particulier au Sénégal, il faut être habilité par le CAMES (Conseil africain et malgache de l'enseignement supérieur) qui, à travers ses CTS (Comités techniques spécialisés), donne le grade de Maître de conférences, d'où statut de professeur assimilé.

[208] Pierre ROMELAER et Michel KALIKA, op. cit., pp. et suivantes.

« *Je n'arrive pas à voir mon encadreur...* » ; « *Il voyage beaucoup...* » ; « *Il a de nombreuses responsabilités, il n'a pas le temps de m'encadrer* » ; « *Il ne répond jamais à mes messages...* », (...).

Il se peut que ce soit vraiment ainsi. Mais on peut y ajouter deux choses. D'abord, c'est au thésard de faire avancer sa thèse, en lisant beaucoup, suivant l'actualité, se concentrant sur les travaux de recherches, même s'il a des contraintes par ailleurs, rendant compte souvent des difficultés rencontrées et, après avoir fait des efforts considérables, sollicitant rendez-vous à son directeur (au lieu d'attendre six mois ou un an après, parfois après avoir rencontré plusieurs autres personnes sans avoir échangé avec son directeur).

Ensuite, la direction d'une thèse est une grande responsabilité[209], une énorme charge de travail, surtout quand le nombre n'est pas limité, et que le directeur de thèse, étant, lui-même, un chercheur qui doit faire son travail de chercheur et indiquer les voies de recherches, son avancement, sa carrière, son rang et son honneur y dépendant, la conduite des travaux de mémoire et de thèse étant profondément liée à sa condition déontologique et éthique, à sa conscience professionnelle et la reconnaissance due aux Maîtres[210], a intérêt à ce que son thésard se réinscrive chaque année et soutienne une bonne thèse devant les siens, et que le monde académique reconnaisse que la thèse soutenue est d'une qualité intellectuelle hautement remarquable. C'est le beau prix que recherche tout directeur de thèse ou de mémoire. Et cela reste possible si les rapports de directeur

---

[209] C'est une exigence légale. En effet, les enseignants de rang magistral sont tenus de diriger des travaux des étudiants et des chercheurs.

[210] qui ont représenté la société, tout en incarnant l'intérêt national supérieur.

de thèse et du thésard restent étroitement professionnels. C'est dire que le thésard ne doit pas se conduire, à l'égard de son directeur, comme dans le cadre d'une relation familiale.

Ce propos de Pierre ROMELAER et Michel KALIKA nous semble très important à rappeler :

Le directeur de thèse peut refuser de signer le certificat d'assiduité s'il estime que le travail n'a pas assez progressé. (…) *L'activité du thésard est normalement à plein temps. Si le thésard a d'autres activités, il est nécessaire qu'il en tienne compte dans son planning et qu'il ou elle réserve des jours à plein temps consacrés au travail de recherche dans son emploi du temps. L'activité dans ces journées doit être programmée par le thésard.* (…) *sans programmation et sans action, la thèse n'avance pas, le temps passe, et on risque de se constater un jour qu'on n'a pratiquement pas avancé au cours des six derniers mois.* (…) *Rien ne les y force, mais on y vient parce que la passion nous anime. On pense presque tout le temps à son sujet de recherche*[211].

Par ailleurs, il est conseillé, surtout durant la phase de la rédaction, de prendre du recul[212], c'est à dire, de se détacher de ses écrits, et parfois, lors d'un déplacement, à distance, de penser à la thèse pour appréhender son fil conducteur et poursuivre ce qu'on veut démontrer. Ce que l'on veut démontrer a un avant-goût dans la façon de libeller le sujet, de poser le problème, et se dégage très clairement du plan, tel qu'il est

---

[211] Pierre Romelaer et Michel Kalika, op. cit., pp. 66 et 63.

[212] Me le rappelait souvent notre maître, professeur Bernard DURAND. « *Laissez reposer, c'est-à-dire laissez passer un ou deux jours* (…) », ainsi s'exprimait Isabelle DEFRÉNOIS-SOULEAU pour aider les étudiants à rectifier le tir face à l'épreuve de dissertation, *Je veux réussir mon droit*, op. cit., p. 112.

formulé ; l'auteur indique ainsi sa position, son opinion, sa réponse au problème posé.

Il nous est conseillé de toujours sauvegarder le travail rédigé, en l'insérant dans la clé USB et, en même temps, se l'envoyant régulièrement par mail. Par ailleurs, l'Association Contact vous conseille de sortir de temps en temps et d'avoir une activité annexe, une activité sportive, même réduite, et qu'il est inutile de se tuer à la tâche et que si on ne fait pas de pauses pendant toute sa thèse, on restera le nez dans le guidon et on risque de passer à côté de choses essentielles[213].

Cela étant précisé, nous avons pensé que le doctorant devrait se servir de tous les types d'exercice du juriste pour développer sa thèse de doctorat.

Rédiger une thèse, c'est disserter. Et c'est depuis la première année de droit, que l'on a appris les réflexes de base. Le candidat va alors démontrer qu'il a bien maîtrisé la technique de la dissertation durant sa formation en licence et au master.

Rappelons que la dissertation est un exercice de démonstration. Le doctorant pose un problème et propose une solution. Dès lors, disserter c'est présenter les différents arguments qui fondent la solution, qui constituent la force de conviction de la solution, en justifiant que l'on soit contraint d'admettre la solution proposée.

Encore une fois, faut-il dérouler l'idée avec un style clair. Il faut qu'on vous comprenne. Un paragraphe correspond à une idée. Quand on finit de développer une idée, il est conseillé d'aller à la ligne pour entamer l'étude de l'idée suivante. Toutes les idées qui s'enchaînent, ont pour objet de démontrer la pertinence de l'idée générale avancée pour exprimer la solution au problème.

---

[213] Association CONTACT, *Guide du doctorant*, op. cit., p. 79.

En outre, la thèse conduit à des réalités du terrain, donc font découvrir des cas pratiques. Dès lors, nous devons identifier les faits, poser les problèmes et discuter, en donnant notre point de vue. Evidemment, pour une thèse, on demande au doctorat de recourir à une analyse jurisprudentielle. Mais il peut arriver que des enquêtes révèlent des faits non connus du juge ou que ce dernier n'a pas eu l'occasion de connaître. Là réside la place du doctrinaire qu'incarne le thésard.

Alors, il faut suivre la méthode du cas pratique, à savoir résumer les faits, formuler des questions et procéder à la discussion. Cela signifie qu'il faut trouver les règles, désigner la loi compétente et, en son sein, les articles. Ainsi, dans une thèse de doctorat en droit, ce qui est beaucoup attendu, c'est la démonstration, l'art de compléter la règle de droit, en interprétant, s'appuyant sur la doctrine et la jurisprudence. Ainsi, au moment de la soutenance, les membres du jury indiqueront au candidat qu'ils ont jaugé la thèse pour y déceler sa valeur ajoutée.

« *Le savoir anoblit. Rien n'est plus triste qu'un chercheur qui ne trouve rien. Si l'on se borne à réciter le savoir acquis à l'école, sans rien y ajouter par nos propres découvertes, l'humanité en serait à l'âge primitif. Ce qui fait donc la valeur de l'intellectuel, c'est sa contribution réelle au progrès des connaissances de son temps* ». Ce sont des propos du parrain de l'Université de Dakar, Cheikh Anta Diop[214]. Il faut donc dans sa thèse contribuer au progrès de la science. La thèse est ainsi perçue comme un exercice ascensionnel de l'esprit.

Egalement de la rédaction de la thèse se dégage la technique du commentaire, c'est-à-dire apprécier un point de vue donné par un juge ou par un auteur sur une question de droit qui

---

[214] Rapportés par le Journal Taxaw, n° 7, janvier 1978.

résulte des recherches. Etant considéré que le législateur prévoit des règles pour anticiper sur les solutions nécessaires aux conflits, et que la doctrine participe, quant à elle, à l'interprétation de la règle de droit. Là gît la finalité de la thèse.

En effet, on attend du thésard qu'il commente la décision de justice ou l'opinion de l'auteur, qui a voulu enrichir pour servir d'exemple, de précédent, en indiquant sa position. Il va commenter la position juridique du juge.

Aussi, si l'épreuve-discussion et la note de synthèse de documents étaient suffisamment pratiquées, elles auraient doté le doctorant de qualités intellectuelles essentielles exigées pour rédiger une thèse de doctorat.

Egalement, nous conseillons de commencer à rédiger la thèse à mesure que nous exploitons les documents. Il vous faut alors un ordinateur, un disque dur et des clés USB pour conserver la saisie. Aussi, il est conseillé de vous envoyer le texte par mail à chaque fois que vous ajoutez quelques lignes à votre rédaction. Ainsi si l'ordonnateur beugue, les clés se détériorent, et le disque dur se perd, le fichier pourra être récupéré de votre courrier électronique.

En outre, le message est bien partagé, à savoir, rédiger l'introduction et la conclusion après avoir fini de développer, car on introduit et conclut un travail déjà fait, donc bien maitrisé.

Hélas, l'habitude est une seconde nature, a-t-on coutume de dire. Même dans le cadre d'une thèse de doctorat, on voit « le sujet a un intérêt théorique » ou « il a un théorique pratique ». Est-il obligatoire de qualifier l'intérêt de théorique ou de pratique ? Il suffit de dire ce que l'étude envisagée permet d'apporter comme conséquences, comme utilité dans la vie en société. Etant considéré que le droit est un phénomène social.

Rappelons que « théorique » renvoie à plusieurs études, et normalement divergentes. Et lorsqu'on décide de traiter le sujet sous cet angle, il faut poser le point de discussion, indiquer sa voie et s'étendre dans les développements pour démontrer et spécifier sa position. En revanche, lorsque l'étude du problème ou des problèmes permet de régler des situations concrètes, on parle d'intérêt « pratique ». Par ailleurs, si l'on veut élaborer des solutions durables à des problèmes actuels, il faut dire comment ils ont été résolus dans le passé, en respectant les différentes étapes, c'est l'intérêt « historique ».

C'est dire que la rédaction de la thèse consiste à proposer une réponse aux problèmes de société, chacun y contribuera avec sa spécialité ; le juriste mettra en avant des aspects juridiques. Michel Cabrillac disait ainsi un jour : « *cher monsieur, votre thèse est comme une très belle jeune femme... qui porterait des vêtements un peu fripés* » pour reprocher des intitulés qui ne lui convenaient guère[215].

C'est dire que les conseils que nous avons reçus de nos maîtres, et que nous avons tenté de reconstituer simplement, doivent être reconduits pour les doctorants relativement aux développements en droit. Généralement, le raisonnement juridique se subdivise en deux parties, en deux grandes idées qui se concilient ou se complètent de façon nuancée.

Descartes, l'a dit : "*Le second – précepte – est de diviser chacune des difficultés que j'examine en autant de parcelles qu'il se pourrait et qu'il serait requis pour les mieux résoudre*"[216].

Effectivement, nous y revenons, les développements doivent être logiques, démonstratifs, critiques et nuancés : il faut être humble et modeste. Il faut, alors, éviter d'être catégorique. Il faut toujours justifier les arguments et indiquer les sources d'informations.

---

[215] Cité par Danièle MAINGUY, *Le guide de la thèse en droit, écrits et textes*, op. cit. p. 38.

[216] Discours de la méthode, éd. Livre de poche 1973, p.111.

Une bonne thèse est caractérisée par des développements qui aboutissent à des résultats, à des conclusions.

Ainsi, en conclusion générale, le thésard indique sa position définitive, qui résume les résultats des recherches menées, en rappelant son cadre de réflexion, et donc reconnaissant que pour d'autres domaines, il y a lieu d'ouvrir d'autres pistes de recherches. C'est pourquoi nous mettons en rapport cette étude avec d'autres questions de droit voisines à celle qui a été traitée. Puisque la conclusion appartient à l'auteur de la thèse, il nous a été reproché de la terminer par une citation[217].

Nous avouons que les recherches et la rédaction de la thèse obéissent à une certaine spécificité de discipline. Il en est ainsi en histoire, que nous connaissons le moins mal.

B/ De la spécificité de la thèse de doctorat en histoire du droit[218]

Il est, en effet, difficile de dégager en une leçon commune les particularités d'une recherche doctorale en fonction des disciplines, surtout en sciences sociales. D'ailleurs, cela justifie une diversité des approches.

---

[217] Notre Maître, professeur Bernard DURAND, m'avait dit un jour : « Samba, jamais de citation à la fin de la conclusion ».

[218] Voici quelques banques de données en ligne, des sites institutionnels et des sites privés des dictionnaires et encyclopédies : Gallica bnf ; Google books (livres entiers ou certaines parties) ; Sudoc abs ; http://www.lamyline.com ; www.afrikinfo.com ; www.fr.allafrica.com ; www.cairn.info. Pour appréhender la place de l'étude historique du droit dans les facultés de droit, d'une nouvelle science juridique dégagée de l'exagèse, au début des années 1970, voir Mamadou BADJI, « Ecriture et enseignement du droit », in : *Ecriture du droit*, CIFDUF, Presses de l'Université Toulouse I Capitole, 2014, p. 124. Voir également, notre article « La mise en place de l'enseignement du droit au Sénégal, in : Le Juge et l'Outre-Mer, Tome 7, UMR 5815 – Montpellier, 2014, page 245.

Nous pouvons, toutefois, en dire un peu pour l'histoire du droit et le droit, en considérant qu'une thèse dans cette discipline a toute son importance en Afrique lorsqu'elle touche essentiellement deux domaines, droit traditionnel (pas forcément droit ancien) et droit colonial, ce qui conduit à la recherche archivistique (1°) et à l'observation de la vie africaine (2°).

1° De la recherche archivistique

Il est inenvisageable de faire une thèse en histoire du droit sans recherches archivistiques. Il suffit de lire tous les travaux des historiens du droit pour s'en convaincre[219]. Nous proposons, ainsi, deux sources documentaires essentielles : les Archives nationales du Sénégal et les Archives d'outre-mer d'AIX-PROVENCE[220].

Les Archives nationales du Sénégal ont profité de la réhabilitation du building administratif pour se faire attribuer un local plus indiqué pour accueillir les étudiants et enseignants chercheurs[221]. C'est un centre qui offre des ouvrages, des documents bien actualisés, ainsi que des fonds d'archives en histoire, comme en droit colonial, en particulier de l'Afrique occidentale française.

---

[219] Par exemple, notre premier agrégé d'histoire du droit, notre regretté Dominique SARR.

[220] Bien sûr, qu'il faut tenter les autres sources d'archives, notamment de la chambre de commerce, des cabinets d'avocats ou de notaires. Ainsi, il est conseillé de tenter la bibliothèque de l'Assemblée Nationale du Sénégal, qui nous a permis de finaliser un article sur le code de la famille et l'histoire, publié dans Annales africaines, en 2007.

[221] Archives nationales du Sénégal, situées à l'immeuble Central Park, 2ème étage, avenue Malick SY x Autoroute, Dakar.

Les Archives nationales du Sénégal sont présentées comme étant l'un des meilleurs ateliers de restauration en Afrique, note le directeur Saliou MBAYE[222]. Le fonds, constitué justement à partir de la période du XIXe siècle, permet de faire une étude de l'histoire coloniale.

En effectuant des recherches pour notre thèse, nous avons pu découvrir la série G pour l'histoire économique, 1G portant sur les études générales, 13G qui concerne les affaires politiques, administratives et musulmanes, Q38 à Q42 visant les banques coloniales, la banque du Sénégal (de 1855 à 1901) et la banque de l'Afrique occidentale française.

Nous trouvons, ici, l'occasion de rendre un vibrant hommage à notre regretté universitaire exceptionnel, Amady Aly Dieng, qui a démontré l'accaparement des actions de la banque du Sénégal par les grandes maisons de commerce bordelaises[223].

Pour ceux qui mènent des recherches relatives aux actes judiciaires, ils peuvent, par exemple, exploiter le fonds Bobine n° 9.

S'agissant du centre d'AIX des Archives nationales de France-section Outre-mer, nous avons pu étudier, par exemple, les séries géographiques, Sénégal et Dépendances XIII, dont le dossier 32 relatif aux correspondances entre les autorités locales et les autorités centrales et le Carton 148 (dossier 123 concerne exclusivement les prêts sur gages).

---

[222] Saliou MBAYE, directeur des Archives Nationales, « La maison des Archives est une nécessité », Soleil, samedi du 10 février 2001, p. 13.

[223] Amady Aly DIENG, *La banque du Sénégal*, Archives nationales du Sénégal, bi I-4° 1951, une étude que nous avons retrouvée au centre de documentation de l'Ifan, à Saint-Louis du Sénégal. Voir également, Amady Aly DIENG, *Le rôle du système bancaire dans le développement économique des pays de l'Union Monétaire Ouest Africaine*, thèse, droit, Dakar, 1971, tome 1, 362 p.

Qui plus est, il nous semble qu'une thèse de doctorat, quelle qu'en soit la discipline, ne peut être menée sans une part de l'histoire et de l'héritage colonial. Donc, l'observation de la vie africaine est indéniable.

2° L'observation de la vie africaine

Quelle est l'utilité d'une recherche en droit, si on ignore les réalités africaines ?

Selon le Doyen Roger DECOTTIGNIES :

Il est des mythes qui ont la vie dure et pour les faire disparaître, il faut un effort soutenu et une analyse perspicace. Le droit coutumier africain en est peut-être le meilleur exemple.

Malheur à toi, législateur, si tu oublies le vieil adage qui limite les légitimes espoirs : quid leges sine moribus. A cet égard la coutume peut et doit survire. Le législateur colonial l'avait respectée, parce qu'elle constitue un fait social intangible.

Le législateur qui ignorerait de telles réalités ferait en Afrique œuvre vaine, et même dangereuse. Car il n'est au pouvoir d'aucun souverain, quel qu'il soit, de violer les consciences[224].

Effectivement, une thèse en histoire du droit en Afrique est inconcevable sans observation de la vie africaine par des enquêtes, en s'inspirant des méthodes de travail des sociologues ou anthropologues.

Amadou Hampâté BÀ a bien décrit l'importance de la tradition orale dans l'extrait des traces d'Amkoullel[225] :

---

[224] Roger DECOTTIGNIES, « Prière à Thémis pour l'Afrique », op. cit., pp. 7, 19 et 20.

[225] Amadou Hampâté BÀ , *Sur les traces d'Amkoullel l'enfant peul*, Arles, Actes Sud, 1998, p. 133.

La tradition doit être considérée comme un arbre. Il y a le tronc mais il y a les branches. Et un arbre qui n'a pas de branches ne peut donner d'ombre. C'est pourquoi il faudrait que les traditions élaguent elles-mêmes les branches qui meurent. Je suis contre la conservation aveugle et totale des traditions comme je suis contre la négation totale des traditions parce que ce serait une négation, une abdication de la personnalité africaine ». Egalement il explique dans son livre *Oui mon Commandant* la nécessité de recueillir les traditions orales, avec une réelle méthode d'investigation et mener sur le terrain des enquêtes spécifiques, tout en continuant, dit-il, de récolter des données en vrac, quitte à les classer ensuite en vue d'une exploitation rationnelle[226].

En effet, vu les liens très puissants et très étroits qui existent entre notre passé et notre présent, il faut tenir compte de l'idée que la connaissance du passé est un préalable indispensable pour la maîtrise des problèmes qui assaillent le monde contemporain[227].

Mais, il ne faut pas confondre, comme l'ont bien dit E. EVANS-PRICHARD et JACQUES VANDERLINDEN, droit coutumier africain et droit « primitif ». E. Evans-pritchard[228] rappelle que toute société a, quelles que soient ses mentalités, ses

---

[226]Amadou Hampâté BA, *Oui mon Commandant*, Actes Sud, 1994, pp. 32 à 33.

[227] Selon Montesquieu, « il faut connaître les choses anciennes afin de bien utiliser les nouvelles (…) », in : l'Esprit des lois (Pléiade, t. II), cité par VALADE Bernard, *Introduction aux sciences sociales*, P.U.F., 1996, p. 12. Voir également Jean HILAIRE, *Le droit des affaires et l'histoire*, Paris, 1995.

[228] E. AVANS-PRITCHARD, Anthropologie sociale, Petite Bibliothèque Payot, 1969, p. 7. L'auteur a fait toute une série de conférences sur l'anthropologie sociale en Angleterre. Quand l'étude porte sur l'homme, lui-même, ses besoins, sa race, son évolution…, on parle d'anthropologie physique ou biologique.

croyances, une forme d'organisation politique qui lui est propre et un ensemble correspondant de règles adaptées. Il précise toutefois que le primitif ne signifie pas existence antérieure ou inférieure.

Aussi, d'après JACQUES VANDERLINDEN[229], il faut dissiper la distinction souvent établie entre le droit moderne et le droit traditionnel. Le professeur JACQUES VANDERLINDEN a également décrit l'objet de la recherche, en insistant sur l'observation directe, l'observation des phénomènes de la vie juridique africaine, au lieu de recourir à des informateurs qui renseignent les chercheurs sur ces phénomènes. Il ajoute que ce n'est qu'au départ d'une réflexion approfondie sur la réalité africaine que pourra se construire un droit africain possédant sa personnalité propre[230].

De même, afin de mieux distinguer les valeurs traditionnelles africaines de celles de l'Occident, des juristes africains, historiens du droit[231], préfèrent parler de droit traditionnel plutôt de droit coutumier qui traduit des coutumes dénaturées par la pratique judiciaire coloniale.

---

[229] Jacques VANDERLINDEN, « La participation des facultés et institutions de recherches européennes au développement juridique africain », Journal of Africain law, 1971, vol. 15, n° 1, pp. 13, 14, 18 et 31, cf notre étude sur la mise en place de l'enseignement du droit au Sénégal, op. cit., p. 270.

[230] Jacques VANDERLINDEN, ibid., pp. 25, 36 à 37.

[231] Notamment, Professeurs Samba TRAORE (« Droit coutumier et coutume, réflexions sur le langage du juriste des institutions traditionnelles africaines (Quelques exemples de concepts tirés du droit soninké du Gajaaga – Sénégal), *Annales Africaines* 1989-1990-1991, p. 47) et Okou Henri LEGRE pour preuve son article sur « L'image du juge dans les sociétés traditionnelles », *Le juge et l'Outre-mer*, Tome 5, *Les dents du dragon*, 2010, p. 101 ; voir également Elias, « La nature du droit coutumier africain », *Présence africaine* 1961, p. 196 et s.

De son côté, le professeur Bernard DURAND a préconisé la dimension comparatiste dans ses enseignements et projets de recherches, en proposant des sujets pertinents de droit africain en thèse de doctorat, incitant ses étudiants à s'appuyer sur des archives et des écrits anciens, et à effectuer des recherches constantes de traditions orales ou témoignages permettant de connaître les coutumes africaines. Il a aussi favorisé le goût de la recherche en droit colonial dans plusieurs pays africains, comme le Sénégal, la Côte d'Ivoire, le Bénin et le Gabon[232], en invitant encore à la recherche archivistique et à l'observation de la vie africaine.

Le professeur Issa Sayegh a également souligné que « *la tâche du juriste commence par l'observation, la connaissance et la compréhension de ces réalités. En cela son travail ne diffère pas de celui d'un homme de science dans les sciences humaines auxquelles il faut* ensuite, en s'appuyant sur ces éléments, choisir la solution qui correspond le mieux aux réalités »[233].

Alors, le droit africain ne mérite pas une méfiance irraisonnée[234] et des études spécialisées dans ce domaine s'imposent aussi bien dans les universités européennes que dans et surtout les universités africaines d'expression française.

---

[232] Bien entendu, il faut ajouter son expérience personnelle malgache.

[233] Joseph Issa SAYEGH, « La fiction et le Droit », *Annales africaines*, 1968, ANS, P° II 4° 104, p. 73, cf notre étude relative à la mise en place de l'enseignement du droit au Sénégal, op. cit., p. 270..

[234] Le mot est à Jacques VANDERLINDEN, « La participation des facultés et institutions de recherches européennes au développement juridique africain », op. cit., p. 18.

Donc, en revenant sur le propos de Joseph-Brahim SEID, qui fut vice-président de l'Institut international de Droit des pays d'expression française, si chacun de nous raisonne selon la méthode qui fut à la base de l'enseignement juridique occidental qu'il a reçu dans les facultés européennes, « *il faut concevoir une pensée juridique africaine enracinée dans nos traditions les plus belles* »[235].

Ainsi, Sylvie BREDELOUP[236] faisait remarquer qu'en Afrique, les travaux en sociologie et en histoire de la migration ont ciblé pendant longtemps les migrants saisonniers qui gagnaient les pays frontaliers pour aller travailler dans les plantations d'arachide, de café et de cacao, dans les champs pétroliers, et dans le mines d'or, de diamants avant que les migrants installés en ville dans des activités de commerce ou de services ne retiennent l'attention des chercheurs[327].

Si on est convaincu de la nécessité d'observer la vie africaine pour magnifier la place de la coutume dans l'enseignement en droit en Afrique, il reste à trouver les techniques d'enquêtes permettant de mobiliser les informations fiables, qui doivent être prises en compte dans la formation du droit en Afrique.

Cela étant, les méthodes sociologiques peuvent être d'une grande utilité. Le professeur JACQUES VANDERLINDEN a bien décrit l'objet de la recherche, en insistant sur l'observation directe, l'observation des phénomènes de la vie juridique africaine, au lieu de recourir à des informateurs qui renseignent

---

[235] Joseph-Brahime SEID, « Evolution des coutumes. Adaptation du Droit coutumier africain aux techniques juridiques occidentales », *Revue juridique, Indépendance et coopération et politique*, Tome XX-1966, LGDJ Paris, 1966, ANS bi II 8°6, p. 8 à 9.

[236] Sylvie BREDELOUP, « terrains revisités en migrations africaines », *Afrique et développement*, Volume XL, No. I, 2015, p. 2.

[237] Mamadou DIME a montré comment le « flambeau d'hier » cherche aujourd'hui à « investir utilement », une fois rentré au Sénégal, cité par Sylvie BREDELOUP, op. cit., p. 8.

les chercheurs sur ces phénomènes. Il ajoute que ce n'est qu'au départ d'une réflexion approfondie sur la réalité africaine que pourra se construire un droit africain possédant sa personnalité propre[238].

Par conséquent, il faut formuler un questionnaire, un ensemble de questions basées sur la formation, l'exécution et la sanction de l'inobservation du droit. Il s'agit, dès lors, d'organiser des entretiens avec des grands dignitaires, des intermédiaires entre les générations[239].

Il résulte de ce qui précède que la thèse de doctorat en droit, en général, et en particulier, en histoire du droit, suppose des recherches approfondies, un raisonnement juridique rigoureux et une prise en compte des réalités du milieu.

Revenant à la technique de la thèse, en général, et compte tenu du sérieux des études de thèse, des écoles doctorales ont été initiées pour en assurer l'enseignement doctoral et veiller sur la rigueur de la recherche.

C/ Les écoles doctorales et la nécessaire formation doctorale conjointe

Les considérations relatives à la recherche doctorale doivent faire l'objet d'un enseignement organisé et crédité, objet de l'école doctorale. Les missions de l'école doctorale sont bien indiquées par l'Association Contact[240], à savoir, assurer l'organisation de la formation doctorale, la mise en application de la charte des thèses, la formation complémentaire des

---

[238] Jacques VANDERLINDEN, « La participation des facultés et institutions de recherches européennes au développement juridique africain », Journal of Africain law, 1971, vol. 15, n° 1, pp. 25, 36 à 37.
[239] Il importe donc d'élaborer des guides d'entretien et d'effectuer des déplacements pour les utiliser.
[240] Association Contact, *Guide du doctorant*, op. cit., p. 47.

doctorants, la mise en place d'un réseau entre équipes de recherche pour les questions concernant la formation doctorale et l'aide à l'insertion professionnelle et le suivi du devenir des docteurs, notamment.

En outre, l'enseignement doctoral doit être conjointement assuré par une unité mixte composée des différentes équipes pédagogiques et de recherches. Effectivement, pour un enseignement doctoral considérable, une collaboration entre écoles doctorales et des centres de recherches est nécessaire (1°). Nous pouvons, à cet effet, indiquer la situation particulière de l'école doctorale des sciences juridiques, politiques, économiques et de gestion (2°).

1° Une nécessaire collaboration entre écoles doctorales et centres de recherches

La collaboration entre écoles doctorales et centres de recherches favorise la mobilité et l'interdisciplinarité, voire une démarche comparatiste[241]. Et que la coopération nécessite l'assistance d'agences orientées dans l'enseignement et la recherche, comme l'agence universitaire de la francophonie (AUF).

Aussi, la collaboration inter-universitaire, ficelée entre universités, doit être matérialisée par une unité mixte de recherches ou une formation doctorale, qui regrouperait des unités d'universités, notamment l'Institut des Droits de l'Homme et de la Paix (IDHP), l'Institut Fondamental de l'Afrique Noire (IFAN)[242],

---

[241] D'où collège des écoles doctorales, initié à l'UCAD, qui aborde et traite des questions conjointes. Ce collège pourra également renforcer l'école doctorale dans son rôle de régulateur des conflits éventuels entre doctorants et encadreurs.

[242] Papa Demba FALL se distingue en tant que chercheur remarquable dans ce domaine. Cet institut du professeur Cheikh Anta DIOP est actuellement dirigé par notre collègue, par ailleurs, promotionnaire et ami du collège de Matam, Abdoulaye Baïla NDIAYE.

et l'Institut de Population, Développement et Santé de la Reproduction (IPDSR)[243].

Effectivement, l'école doctorale se charge de coordonner les actions de coopération avec les universités et dans son université entre les institutions, écoles, facultés et instituts, surtout dans les domaines qui les rapprochent.

Ainsi, par exemple, nous soutenons l'excellente étude de Papa Demba Fall relative à la migration internationale et droits des travailleurs au Sénégal[244], qui pose la question de la protection des travailleurs migrants, de la nécessaire prise en compte des droits socioculturels, mais encore et surtout du rôle de l'Université et des institutions de recherche[245]. En effet, il a soutenu, avec pertinence, que l'intérêt porté à la migration internationale nécessite de faire l'inventaire des travaux de recherches et de rassembler la documentation. Manifestement, il ajouta, ce que nous admettons, avec lui, l'opportunité de *la création de filières d'enseignement professionnel tournées vers la formation de cadres destinés à encadrer les migrants*.

Par ailleurs, l'initiation à la méthodologie de la recherche, à l'écriture scientifique, donc à la présentation d'articles[246], et

---

[243] Dont professeur Pape Sackho, Directeur des études de l'IPDSR, devenu Chef de Département de Géographie, fut directeur.

[244] Série Unesco : Rapports par pays sur la ratification de la convention des Nations Unies sur les droits des migrants, SHS/2003/MC/5.

[245] Il a également évoqué l'accès à la protection sociale, en rappelant la convention qui lie le Sénégal à certains pays tels que le Mali, le Cap-Vert et la France, en magnifiant le Traité de l'OHADA (harmonisation du droit des affaires), qui est indissociable de la mobilité des travailleurs migrants au sein de la CEDEAO.

[246] Il ne suffit pas de faire une bonne thèse pour être considéré comme un bon chercheur, martèle le guide du doctorant de l'Association Contact, il faut aussi publier des articles avec une audience internationale et présenter son travail en séminaire ou lors de congrès, cf Association CONTACT, op. cit., p. 60. Par exemple, étant doctorant, Roland ADJOVI, certes

l'organisation de séminaires, de conférences, de colloques doivent être grandement magnifiées par les écoles doctorales.

Quelle est la particulière situation de l'école doctorale des sciences juridiques, politiques, économiques et de gestion (EDJPEG) ?

2° La particulière situation de l'EDJPEG

L'Ecole Doctorale des Sciences Juridiques, Politiques, Economiques et de Gestion (EDJPEG) a été créée en 2006, mais elle a démarré ses activités en juin 2009.

Elle organise la préparation au concours d'agrégation[247], des conférences ou séminaires ouverts à tous les doctorants inscrits ou restreints aux différentes formations doctorales et les doctoriales.

Egalement, elle mène une série d'activités d'animation scientifique et pédagogique (Grandes Conférences, Conférences de personnes-ressources invitées, Conférences "Qui sommes-

---

A.T.E.R. Droit public, a produit une étude critique d'un projet ambitieux de l'UNION AFRICAINE, en traitant les conditions d'une bonne gouvernance (état de droit et gestion rationnelle de la chose publique) et l'effectivité des décisions de l'Union, à travers la séurité, la paix et les droits de l'homme, *Revue internationale de droit africain EDJA* n° 59, octobre – novembre – décembre 2003, pp. 7 à 22. Autre exemple, Dieynaba DIARRA, en tant que doctorante en histoire du droit, a pu participer aux travaux de l'UMR 5815 (unité mixte de recherches à Montpellier) portant sur le Juge et l'Outre-mer, ouvrage paru en 2014 : « Un Code pénal « oublié » : le décret du 11 février 1941 », p. 231.

[247] Cette activité va désormais être assurée par un centre pédagogique piloté conjointement par les deux facultés qui composent l'école doctorale, faculté des sciences juridiques et politiques et faculté des sciences économiques et de gestion.

nous ?", ateliers de formation, initiation de concours d'émulation – "Plaidoirie", "Meilleur projet innovant", "Ma thèse en 180 secondes", "Meilleur projet de visiting study", organisation d'auditions des candidats aux doctorats, modules des formations doctorales, organisation de visites de sites, etc.)[248].

Dans le cadre de son offre de formation et de recherche, l'EDJPEG fédère des équipes pédagogiques et de recherche qui accueillent le doctorant en fonction de son champ de recherches. Bien entendu, l'école doctorale s'active dans les politiques de financements des recherches et de la nécessaire mobilité internationale des doctorants.

Ces équipes pédagogiques et de recherche sont animées par le corps professoral des établissements de rattachement de l'EDJPEG :

• la Faculté des Sciences Économiques et de Gestion (FASEG) ;

• la Faculté des Sciences Juridiques et Politiques (FSJP) ;
l'École Supérieure polytechnique (ESP).

Effectivement, l'EDJPEG offre des formations doctorales regroupées en plusieurs mentions que sont :

• la mention Droit privé ;
• la mention Droit public ;
• la mention Histoire du Droit ;

---

[248] Comme l'indique le rapport du Directeur de l'école doctorale, professeur Joseph CABRAL. La fonction du Directeur de l'école doctorale est bien spécifiée par Association CONTACT, *Guide du doctorant*, Copidac, op. cit., p. 47. Il constitue le lien entre les doctorants et l'Université.

- la mention Sciences Politiques ;
- la mention Économie ;
- la mention Gestion ;
- Droits fondamentaux de l'homme et culture de paix.

En effet, afin de proposer une offre de recherche, d'offrir un cadre d'incubation aux jeunes chercheurs et de développer leur culture scientifique, plusieurs équipes de recherche se sont organisées en laboratoires[249]. Il importe de noter que le travail de recherches est inconcevable en dehors d'un laboratoire ou d'un centre de recherches qui offre la possibilité de progresser, et donc qui motive[250].

Nous nous réjouissons de la mise en place d'une formation doctorale en droits fondamentaux de l'homme à notre école doctorale ; néanmoins, nous sollicitons une place plus importante, qui permettrait de spécifier le droit des migrants et le droit des enfants, et ce, pour renforcer les compétences des doctorants face aux questions des migrations[251] et celles relatives à l'enfance ou justice juvénile[252].

---

[249] On en dénombre, au moins, 27.

[250] Contact, *Guide du doctorant*, Copidac, Montpellier, novembre 2010, p. 13.

[251] Voir à ce sujet la magnifique étude de Papa Demba FALL, Série Unesco : Rapports par pays sur la ratification de la convention des Nations Unies sur les droits des migrants, SHS/2003/MC/5.

[252] Dont le CAS (certificat en protection et droits de l'enfant) constitue un exemple excellent de partenariat entre l'IDHP (Institut des droits de l'homme et de la paix) de l'Université Cheikh Anta Diop de Dakar et l'IDE (Institut des droits de l'enfant) de Sion par le biais du Centre interfacultaire en droits de l'enfant de l'Université de Genève.

Une fois que le texte du mémoire ou de la thèse, est définitivement rédigé, – d'environ 350 à 400 pages pour la thèse, voire plus[253], et déposé, il faut le ou la soutenir et avoir une bonne maîtrise de la parole.

2.3 La soutenance de thèse et la maîtrise de la parole

En thèse de doctorat, c'est le moment de la soutenance qui traduit l'exposé-discussion. Mais avant cela, et une fois la thèse bien rédigée, il faut l'habiller en vue de sa présentation, et, après l'avis favorable du directeur de thèse et du chef d'établissement, elle pourra être soutenue, si bien entendu le Président de l'Université l'autorise.

En effet, la thèse a un visage, c'est la page de couverture, qui indique l'université, la faculté ou l'unité de formation et de recherche de rattachement de la thèse, le sujet de la thèse, l'auteur, l'encadreur et le jury de soutenance[254].

Avant l'introduction, habituellement sont placés les dédicaces (de préférence, à un personnage scientifique, une référence dans le domaine de la thèse), remerciements (les personnes qui ont aidé à l'élaboration du texte), l'avant-propos (s'il y a des précisions et des informations importantes que le lecteur doit connaitre pour aider à la compréhension du texte), la page des sigles, abréviations et acronymes[255]), le sommaire (les grands

---

[253] Nous ne connaissons pas de texte qui fixe le nombre de pages à tel, mais généralement et raisonnablement, nous constatons que 300 à 400 pages de corps du texte nous parait assez sérieux, en fonction, bien entendu, de la discipline, de la matière, du sujet, du contexte, etc.

[254] Pour les fonctions de l'encadreur et des membres du jury à l'université, il faut se renseigner auprès de son directeur de thèse.

[255] Ne pas confondre abréviations et acronymes constitués en même temps que l'institution, par exemple, O.N.U, O.I.T., U.A. et O.H.A.D.A..

points de la table des matières) et l'épigraphe (une citation qui accroche le lecteur et qui constitue un avant-goût du sujet).

Après la conclusion générale, viennent l'Index (les mots clés du texte qui constituent, à la fois, des entrées et des éléments de recherches), la bibliographie (les documents et sources d'archives) et les annexes (qui servent à illustrer le texte, et non à augmenter le volume du texte, qui nécessitent un tableau récapitulant les différents éléments en annexe) et la table des matières (les différents points traités dans la thèse).

Puisque le directeur de thèse a donné son accord et constitué le jury[256], en conformité avec le délai requis par l'école doctorale, le curateur[257] ayant préalablement apposé un avis conforme, les rapporteurs ayant émis un avis favorable, la date de soutenance est désormais fixée. Mais, avant la soutenance, faut-il le rappeler, la recherche (la lecture) continue, l'actualité ponctuellement observée.

Nous avons cru devoir préciser que la constitution du jury n'est pas l'affaire du doctorant, mais du directeur de thèse. C'est une tradition universitaire, consacrée par les écoles doctorales. Effectivement, le jury est proposé par le directeur de thèse, et cette proposition va être entérinée par l'école doctorale[258]. En pratique, le candidat peut exprimer son souhait de voir des experts ou professeurs qui ont pu l'aider, participer

---

256 C'est donc le directeur qui compose le jury et non le candidat.

257 Le curateur de la thèse est un professeur chargé, entre autres, de recevoir les thèses, de vérifier que, du point de vue formel, elles correspondent à des travaux scientifiques conformes aux normes académiques, que le jury est régulièrement constitué, que les avis des rapporteurs sont complets et bien favorables. Le professeur Demba SY a exercé cette fonction pendant très longtemps avant d'être remplacé tout récemment, le 7 novembre 2020, par le professeur Seydi Ababacar DIENG, économiste.

258 Pierre ROMELAER et Michel KALIKA, op. cit., p. 141.

au jury[259]. Mais il est à craindre que l'intervention du candidat dans le choix des membres du jury, si celle-ci n'est pas guidée par une perspective d'avenir, une dimension internationale, une transversalité du domaine de la thèse, une activité professionnelle donnée[260], vienne compromettre gravement la rigueur scientifique exigée, d'autant plus que la soutenance de thèse est une épreuve et conduit à un diplôme crédible.

Maintenant, nous proposons de passer au crible la soutenance proprement dite de la thèse de doctorat d'une part, et d'autre part, de partager un certain nombre de conseils pour maîtriser la parole.

A/ De la soutenance de thèse de doctorat

Concrètement, soutenir, c'est élucider le sujet de la thèse, l'approche, la problématique, les difficultés rencontrées pour mener le travail, et les résultats des recherches, à savoir les propositions de solutions soumises à l'appréciation du jury.

Il ne s'agit donc pas de remercier longuement les membres du jury et de résumer de façon harassante la thèse, car elle a été lue par les membres du jury. Ce dernier attend du candidat un certain nombre d'éclairages, une aptitude à la discussion. On ne s'adresse pas à ses amis et parents, mais au jury. Donc, en face du jury, nous conseillons au futur docteur de se concentrer sur son message et ne pas s'écouter. Attention au logiciel plagiat.

---

[259] Comme l'expliquent bien et simplement Pierre ROMELAER et Michel KALIKA, ibid.

[260] Cela est d'autant plus vrai que la thèse peut conduire à un métier ou permettre d'obtenir une promotion dans son parcours professionnel.

Voici comment le professeur Mainguy décrit la soutenance.

La soutenance de la thèse est un moment privilégié : l'impétrant est – rarement – transi d'effroi ou effrontément arrogant, plus souvent un peu inquiet. Les professeurs arrivent, thèse sous le bras : le rite universitaire commence. Le moment le plus intensément vécu, le plus redouté aussi, dans la carrière d'un jeune chercheur n'est-il pas la soutenance de sa thèse ? Tous les docteurs, quelle qu'ait été la suite de leur carrière, se souviennent avec émotion de leur soutenance, de ses bons et de ses mauvais moments : un passage de l'ombre à la lumière. Techniquement, la soutenance de la thèse est un dialogue, une disputation disait-on autrefois, entre le candidat docteur et ceux, docteurs eux-mêmes dont il aspire à devenir un des pairs. C'est aussi une sorte d'examen de passage qui permet de passer du stade d'étudiant en thèse, on dit un « doctorant » (4) ou un « thésard », au grade de docteur, un stade pré-magistral : seuls les docteurs peuvent traditionnellement effectuer un cours magistral[261].

La soutenance est une épreuve, mieux une cooptation, organisée par l'université, pas seulement pour décerner le titre de docteur, mais pour jauger la personnalité du doctorant et de pouvoir relever les perspectives de son avenir. Nous en voulons pour preuve la mention proposée par le jury. Au lieu de passable, assez-bien, bien et très bien, il est plus élégant et prestigieux, certainement, de dire mention honorable, très honorable, et très honorable avec les félicitations du jury. Si le jury estime que c'est à l'unanimité, en principe, il doit

---

[261] Daniel MAINGUY, « La soutenance de thèse », in : Mélanges J. Calais-Auloy, Dalloz, 2003, pp. 30 et 31. Voir également Michel BEAUD, op. cit., pp. 171 - 172.

davantage motiver sa décision. Au Sénégal, la possibilité de publier la thèse semble dépendre du candidat, après avoir intégré les nombreuses corrections proposées par le jury. Effectivement la publication constitue, au fond, un objectif de la thèse.

Même si le jury considère que le candidat a mérité son titre de docteur, d'autres jurys, dans le cadre d'une activité professionnelle ou d'une carrière universitaire, se réserveront le droit d'en apprécier la rigueur scientifique. Cette thèse unique, précédemment thèse de doctorat d'Etat, est exigée pour évoluer dans la carrière universitaire, relativement aux normes et procédures du CAMES[262]. Si elle est mauvaise, elle survit ainsi et suit son auteur partout, difficilement remodelable, la réputation demeurant presqu'irréversible.

Nonobstant, nous avouons que les universités africaines ont fait la preuve de bonnes thèses soutenues par des doctorants très brillants sous la direction d'encadreurs bien rigoureux, de sorte qu'il ne soit plus besoin de sortir du continent africain pour faire de meilleures études et se rendre opérationnel[263]. C'est dire que la migration de nos étudiants, – la coopération ou assistance technique repoussée – est, dans une certaine mesure, à défier, dans la mesure où la thèse de l'ailleurs, ne provoque plus de complexes, en magnifiant le travail de plus en plus considérable des écoles doctorales, qui regroupent en conseil scientifique et pédagogique les universitaires.

[262] Conseil africain et malgache de l'enseignement supérieur.

[263] Nous citons l'exemple de Monsieur Bacary DIATTA, qui vient de soutenir, le 7 mars 2020, une bonne thèse sur *une approche pragmatique de Bares noturnes*, tirée de l'œuvre de l'écrivain espagnol, Juan Madrid, cf journal de l'UCAD, LUX MEA LEX, n° 04, avril 2020. Mais c'est bien avant que les africains ont commencé à perdre ce complexe, ainsi, par exemple, la soutenance de thèse de Cheikh Anta Diop.

La soutenance de thèse et la préparation à l'agrégation justifient que nous propositions quelques développements sur la maîtrise de la parole.

B/ De la maîtrise de la parole

La parole a un moment, une manière et un lieu, dit Amadou Hampâthé Ba[264].

Prendre la parole est un honneur.
Elle est sacrée, il faut donc la maîtriser.
Avant de livrer quelques conseils pratiques, tout d'abord, qu'est-ce que la parole ?

La parole est concrètement une voix pour communiquer et exprimer ses idées. Or, souligne Lapac, « (...) *toute forme de langage est au service de multiples usages : se faire entendre, se mettre au niveau de son interlocuteur pour le comprendre ou asseoir son autorité, sa propre légitimité ou celle de son interlocuteur, renforcer la crédibilité d'un témoignage, intimider, dominer...* »[265].

Elle définit votre personnalité.
Elle est, à la fois, un moyen de paix et source de désordre.
D'ailleurs, une fois qu'elle est prononcée, elle reste et ne s'efface pas.
De plus, il y a le non-dit, ce qui n'est pas dit expressément, mais qui découle de ce qui a été dit, et que l'orateur ne saurait maîtriser.

---

[264] Dans l'étrange destin de Wangrin.
[265] LAPAC, *La parole et l'écoute lors des audiences pénales. Enjeux et contraintes, La prise de parole lors du procès pénal*, Lapac, 2016, p. 33.

En parlant, vous vous exposez, car vous êtes regardés, vos gestes sont suivis[266], vos erreurs, fautes, hésitations sont aisément perceptibles.

Néanmoins, vous devez la maîtriser, c'est-à-dire la tenir jusqu'au bout de votre réflexion, sans confusion et de façon à être bien compris, et qu'on ait envie de vous dire, continuez, on ne sent pas le temps passer, on a oublié votre retard ou l'attente précédente qui gênait le public.

Comment peut-on s'exprimer de façon claire, de manière élégante, tout en retenant l'attention du public, des personnes qui vous regardent, qui découvrent vos gestes, vous dévisagent et évaluent votre habillement ?

En saisissant son corps (a) et en se focalisant sur son message pour le rendre cohérent (b).

1° De l'aptitude à se saisir

Il s'agit, en effet, de la maîtrise de soi.

On peut y arriver, en mesurant ses gestes et en dominant son environnement.

De la mesure gestuelle. Maîtriser sa parole suppose d'avoir une mesure gestuelle adéquate. En effet, trop de gestes tuent le message. Et, le manque de gestes rend le message boiteux.

Il faut donc des gestes mesurés, soutenus par un sincère regard sur l'auditoire. Celui qui s'exprime doit s'intéresser à tous, n'en négliger aucun.

Il doit faire des mouvements et déplacements adaptés à l'espace, parler fort, mais ne pas crier.

---

[266] Pour la gestualité dans la communication, lire Geneviève CALBRIS et Louis PORCHER, *Geste et communication*, HATIER-CREDIF, Le Mesnil-sur-l'Estrée, 2003, p. 52.

De la domination de son environnement. Une bonne prise de la parole passe par une domination de son environnement. En effet, l'orateur doit connaître le lieu de prise de parole, ce qui constitue un élément d'anticipation.

Il est également important de savoir son public, sa cible, son auditoire, un élément d'orientation.

Celui qui s'exprime doit appréhender les attentes de son public pour déterminer son but et convaincre.

Il doit aussi adopter une position préhensible des conditions matérielles du lieu de communication (outils, table, chaise, micro, lumière…), et avoir une attitude pédagogique.

2° De la cohérence du message

Il suffit de se poser les questions suivantes :

– De quoi je parle ?
– Qu'est-ce que je veux démontrer ?

De quoi je parle ?

La maîtrise de la parole suppose poser le sujet, en l'amenant (une métaphore ou une anecdote), le premier mot permet de chasser le trac et d'attirer l'attention, donc prendre le temps de bien commencer, de faire un exorde.

Il convient également de définir les notions, avant d'entrer dans le vif du sujet. On va l'habiller.

Le bon orateur doit indiquer l'approche, en justifiant son choix. De Gaulle qui dit, « *je vous ai compris* ».

Mais, bien entendu, tout passe par une question principale. Il faut veiller à bien poser la problématique.

Qu'est-ce que je veux démontrer ?

Une bonne maîtrise de la parole suppose d'indiquer le pourquoi de la réflexion ou de l'étude, c'est-à-dire ce qu'on peut attendre, les objectifs, et de répondre au (aux) problème (s), à travers un propos tendancieux.

La personne qui s'exprime doit en outre faire preuve d'originalité et d'élégance, en formulant les idées ou structurant le raisonnement.

Elle doit se montrer apte à synthétiser le propos, à la péroraison, ainsi qu'à opérer des nuances et transitions, en insistant sur les moments les plus importants, les éléments forts, quand bien même répéter pouvant être rébarbatif.

En définitive, il faut attirer l'attention au début, mais il vaut mieux penser à comment on va terminer pour mettre celui qui vous écoute dans un certain confort.

Maîtriser sa parole consiste à se maîtriser d'abord, ensuite, à saisir son message, ce qui suppose maîtriser sa langue, en évitant les dérapages et les tics.

Bien entendu, lorsqu'on maîtrise son sujet, de quoi on parle et ce qu'on veut démontrer, il n'y aura peu d'hésitations et de tics (euh, quoi, donc...).

La meilleure manière d'être clair, est d'être bien.

Allez à l'école de Boileau qui disait, il y a plus de trois siècles :

« *Ce qui se conçoit bien s'énonce clairement, et les mots pour le dire arrivent aisément* »[267].

---

[267] Alain, BLANC, « Réflexions d'un magistrat », LAPAC, *La parole et l'écoute lors des audiences pénales,* op. cit., p. 17 : qui précise qu'au pénal, si la personne poursuivie n'est pas « crédible » ou si elle est « cafouilleuse », ou simplement si elle ne paraît « pas très claire », c'est qu'elle raconte des histoires. On dit d'ailleurs la même chose des parties civiles. LAPAC est une association dénommée *La parole est à l'accusé*, c'est-à-dire qui travaille sur les conditions et les enjeux de la prise de parole lors des audiences pénales, LAPAC, op. cit., introduction, p. 21.

Autrement, on n'est pas crédible ou c'est le cafouillage.

« *Qui peut affirmer qu'il peut évoquer facilement la partie la plus fragile de lui-même ?* »[268].

Bien évidemment, personne ne fait l'unanimité.

Et que la brièveté est la sœur de l'éloquence.

---

[268] S'interroge un avocat au Barreau de Grenoble, Maître Jean ROBICHON, qui reconnaît qu'en réalité, c'est, au mieux, la partie que nous ne livrons qu'à notre meilleur ami, à notre famille proche, à un thérapeute, à un confesseur.

CONCLUSION

Pour conclure sur ces développements relatifs à une esquisse méthodologique de l'initiation à la recherche et de la recherche juridique approfondie, pour une maîtrise plus ou moins parfaite des méthodes de pensée et de raisonnement, du travail de mémoire et de l'art de la thèse, qui touchent les problèmes de développement africain, il faut, à l'instar de Sophie Chiche et de Mark Samuel, prendre sa vie en main et accomplir ce qui compte vraiment pour soi[269]. Par conséquent, comme un caméléon, il faut aller doucement dans tout ce que vous faites, si vous voulez faire une œuvre durable[270].

Là-dessus, notre foi, en prétendant enseigner la méthodologie et l'art du juriste, il ne doit nous être reproché d'avoir été maladroit et insuffisant, bien évidemment, nous ne pouvons atteindre la perfection. Mais, nous avons voulu accomplir le devoir de partage du savoir-faire et des enseignements des maîtres, dont certains ont voulu dresser l'avant-propos et préfacer cet essai méthodologique, une sorte d'ascèse de la

---

[269] Sophie CHICHE et Mark SAMUEL, *Petit éloge de la responsabilité*, Nouveaux Horizons, Paris, 2015. Même en perdant la joie de la lecture, VERCORS considère qu'heureusement l'art, la pensée désintéressée permettent de racheter l'homme, cf VERCORS, Jean Bruller, Le silence de la Mer, Editions Albin Michel, 1951, p. 156.

[270] Amadou Hampâthé Ba nous transmet l'enseignement du Caméléon, en nous invitant à être patients, bons, vivables et unis.

recherche juridique. C'est pourquoi nous avons tenu à les citer fidèlement et à reproduire textuellement les extraits des autres écrits en guillemets au lieu, pour aérer le corps de notre texte, de les placer en notes de bas de pages.

A tous les niveaux des travaux de recherches, y compris ceux exigés lors du concours d'agrégation, il faut, pour faire preuve d'originalité, pour soumettre un bon devoir, un bon mémoire, une bonne thèse, une bonne leçon, d'abord réfléchir sur le sujet ou le texte, se poser des questions, émettre des hypothèses de recherches, fixer des objectifs et envisager ensuite les recherches.

Egalement, à travers cette modeste contribution, nous avons voulu reposer la place de la tradition africaine, à travers la discipline du droit. C'est cette formation qui se traduit par une parfaite maîtrise du contexte culturel africain, donc de l'histoire de l'Afrique, que notre regretté Domonique Sarr voulait défendre dans ses écrits.

Mais, le professeur TUNC relativise l'attachement excessif à la civilisation traditionnelle, en articulant, « *Etre fidèle à une civilisation, en effet, ce n'est pas vivre dans le même passé et refuser toute évolution. « Le seul vrai conservateur, disait Théodore Roosevelt, est l'homme qui tourne résolument son visage vers l'avenir ». être fidèle à une civilisation, c'est ajouter son effort à ses insuffisances inévitables, pour rendre ses valeurs plus accessibles à tous dans les faits les idéaux qu'elle professe* »[271].

[271] André TUNC, Professeur à la faculté de droit et des sciences de Grenoble, « Les facultés de droit et les grands problèmes du monde contemporain », Dalloz, Hebdomadaire, chronique-XXVII, 1958, ANS Bi II 4° 61, p. 196.

Par ailleurs, il a ajouté que « *Si nos facultés doivent avant tout former des juristes, elles peuvent aussi contribuer à former une opinion publique et des dirigeants qui connaissent les problèmes et qui, dans le cadre de leurs responsabilités, aient le désir permanent d'infléchir leur action vers le bien commun. Nos facultés doivent contribuer à réconcilier l'humanité avec elle-même en lui apprenant à se connaître, donc à ne plus se craindre, mais au contraire à s'aimer et s'aider* »[272].

De même, Applials a souligné de façon rigoureuse que : « (…) *les gouvernements africains doivent en premier lieu faire tous leurs efforts pour conférer à la fonction enseignant le niveau auquel l'Union soviétique l'a portée lorsqu'elle a voulu relever ses propres standards. Dans les nouveaux Etats africains, notre premier problème est de retrouver notre amour propre national et de nous débarrasser de notre complexe d'infériorité* »[273].

Pareillement, disait le Président Ahidjo, « *Une culture authentique doit plonger sa racine dans la vie quotidienne du peuple, dans les valeurs qui donnent un sens à son existence. C'est de ce terroir, et de terroir seulement, que pourra naître une plante vigoureuse, capable d'assimiler les apports extérieurs et de sécréter une nouvelle culture, originale adaptée aux exigences du monde moderne* »[274].

---

[272] André TUNC, « Les facultés de droit et les grands problèmes du monde contemporain », Dalloz, op. cit., pp. 190 et 193.
[273] OFUSUS APPLIALS (I. H.), « Réflexions sur les universités africaines », *Présence africaine*, 1er trimestre 1961, ANS bi II 8° 21, p. 77.
[274] Le discours de Garoua, Agence camerounaise de Presse, 13 mars 1969, p. 7, cité par Jean-Marc ELA, Le Mois colonial et maritime, supplément n° 9, janvier 1908, Armand Cathy, BIB AOM 21095, p. 16, qui considère comme un aliéné, un extraverti, un Africain qui a reçu la culture telle qu'elle est distribuée en Occident.

En effet, la création des universités répondait à un besoin de formation de cadres supérieurs, mais aussi au défi du développement économique et social en Afrique, si bien que le but de l'enseignement n'est pas de former des salariés mais de rendre les africains capables de devenir eux-mêmes des accélérateurs du développement d'ensemble de leurs congénères[275].

Force est de reconnaître que l'université africaine, avec une forte coopération extérieure, assistée par des agences orientées dans l'enseignement et la recherche, comme l'agence universitaire de la francophonie (AUF), a beaucoup contribué à la formation des élites. Et que nous allons mobiliser les efforts et précurseurs de grande valeur pour le développement de l'enseignement et de la recherche universitaire. Toutefois, nos étudiants doivent méditer ceci : « (…) *Tant que l'on ne se suffit pas à soi-même, on reste nécessairement l'esclave de son approvisionneur* »[276]. Et, ajoutons que dans le monde professionnel, cet enseignement est fondamental : « (…) *Quant au succès de ma carrière, je préfère le devoir à mon travail plutôt qu'à un « piston » qu'il me faudrait payer par une soumission passive envers mon bienfaiteur* »[277].

Par ailleurs, nous avons mis l'accent sur le renforcement de la recherche en droits de l'homme, en donnant un sens à l'étude

---

[275] Jean-Marc Ela, Le Mois colonial et maritime, op. cit., pp. 15 et 16 : la déficience fondamentale de l'enseignement exporté, c'est qu'il s'avère incapable de créer une véritable conscience du développement chez les africains et d'intégrer ces derniers dans ce développement comme agents conscients et responsables. La fin primaire de la colonisation n'est pas le développement mais l'exportation des pays conquis, en régime colonial, l'enseignement ne tend nullement à susciter chez le colonisé l'initiative créatrice (…).

[276] Dans Amadou Hampâté BÀ , *Oui mon Commandant*, op. cit., p. 416.

[277] Amadou Hampâté BÀ , ibid., p. 443.

du droit des migrants dans le cadre de la formation doctorale. D'ailleurs, puisque réfléchir et agir sur la société reste une vocation universitaire, l'Institut des droits de l'homme et de la paix (IDHP) a initié un programme de formation et de sensibilisation avec la Ville de Dakar, et ce, pour créer des territoires de paix, par ricochet, pouvant empêcher la migration économique ou migration de la misère.

Evidemment, favoriser les coopérations décentralisées et les jumelages est l'une des mesures phares préconisées par Jean Claude Mairal, dans tous les territoires et collectivités le développement de coopérations décentralisées et des jumelages. Aucun territoire et aucune collectivité, dit-il, ne devraient être absents de cet effort de coopération et de solidarité[278].

Aussi, la place de l'histoire du droit dans les programmes des facultés de droit nous préoccupe beaucoup. Effectivement, il revient à l'historien du droit de connaître le droit positif et de démontrer la vertu constructive de sa discipline, à travers des recherches approfondies, des conférences, séminaires et colloques. C'est pourquoi, il y a lieu, encore, de féliciter la création de laboratoires ou instituts de recherches qui aideront les candidats à avancer dans leurs recherches.

---

[278] Jean Claude MAIRAL, *Ancien président du conseil général de l'Allier (1998-2001) ; Ancien vice-président du Conseil régional d'Auvergne en charge de l'Europe et de la coopération internationale (2004-2010) ; Président de la plateforme de coopération France/ Balkans-Europe du Sud Est de la CNCD ; Président des groupes de travail « Coopération décentralisée, tourisme responsable et solidaire et développement des territoires » (2005-2006) et « Jeunesses, mobilités et territoires : recommandations pour l'action extérieure des collectivités territoriales » (2013-2015) de la Commission Nationale de la Coopération décentralisée ; Président du Conseil de développement du Pays Vichy Auvergne ; Président de « Sur les pas d'Albert Londres ».*

Les collègues positivistes ou techniciens, quant à eux, se préoccupent d'expliquer des situations actuelles et de tenter d'y apporter des solutions immédiatement réalisables. Comme nous l'avons dit, plus haut, certains ont compris les vertus de l'histoire. Ainsi, ils utilisent le rétroviseur de l'historien pour forger la force de leur argumentaire et renforcer leur rigueur scientifique ; alors, il densifie la logique juridique, mais la méthode relève d'une discipline propre.

Là réside la place de l'histoire du droit, dont les outils sont constitués essentiellement de recherches archivistiques, ce qui conduit aux sources documentaires, notamment les Archives nationales du Sénégal et les archives d'outre-mer d'Aix-en-Provence[279]. En outre, pour compléter le travail du technicien ou du positiviste, l'historien du droit, comme le sociologue, l'anthropologue, le politiste, utilise la méthode qui consiste à observer la vie réelle, le milieu, l'homme et ses croyances. D'où les techniques d'enquêtes qui doivent être apprises pour rendre rigoureuse la recherche et développer la science.

Par ailleurs, la place du droit romain qui occupait presque deux semestres comme le droit des obligations, a été jugée excessive en 2ème année, d'où sa suppression, au moment où l'Université Alassane Ouattara de Bouaké l'introduisait avec des travaux dirigés dans le programme des études juridiques. Egalement Bamako et Yaoundé tenaient bien compte de ces études historiques dans l'élaboration de leurs programmes universitaires, de la licence au master.

---

[279] Bien sûr, qu'il faut tenter les autres sources d'archives, notamment de la chambre de commerce, des cabinets d'avocats ou de notaires. Ainsi, il est conseillé de visiter la bibliothèque de l'Assemblée Nationale du Sénégal, qui nous a permis de finaliser un article sur le code de la famille et l'histoire, publié dans Annales africaines, en 2007.

S'agissant du droit coutumier africain, plus précisément de l'histoire du droit des personnes et de la famille, le législateur voulait que les programmes d'enseignements soient adaptés, dès le début, aux réalités africaines[280]. Donc, il ne faut pas confondre droit coutumier africain et droit « primitif », comme l'ont bien dit, notamment E. Evans-pritchard, Vanderlandes, Samba Traoré, Henri Legré Okou et Bernard Durand.

Nous pensons que la stratégie de redynamisation de l'histoire du droit nécessite d'adapter l'enseignement et la recherche en histoire du droit au nouveaux programmes et à l'évolution de la société[281]. Les historiens sont invités à suivre l'actualité du droit et à s'impliquer dans les débats pour éclairer davantage les justiciables, les citoyens, les populations, les experts et les dirigeants, et ce dans tous les domaines du droit, par exemple, foncier, mines, mandat du Président de la République, migrations, communalisation, déforestation, imposition. C'est dire qu'à chaque fois qu'une question de société est posée, il nous revient de la replacer dans l'histoire et d'indiquer la conduite à tenir. Nous allons maintenir la trajectoire en organisant (ou participant) des conférences, séminaires et colloques, en mettant l'accent sur les réalités africaines, ce qui conduit à l'observation de la vie africaine et à recourir à l'oralité. Alors, faut-il le rappeler, comme disait Kéba MBAYE pour créer le droit du développement, élaborer un nouveau droit né de la tradition et attentif aux prescriptions de la modernité. En effet, vu les liens très puissants et très étroits qui existent entre notre passé et notre présent, il faut tenir compte de l'idée que la connaissance

[280] En ce qui concerne l'histoire des institutions privées et publiques, matière de base pour tenter la réussite de l'agrégation d'Histoire en Afrique, elle avait été introduite à la Faculté des sciences juridiques et économiques par décret.

[281] Egalement, la stratégie consiste à faire en sorte que le système LMD se réalise complètement en histoire du droit et des institutions.

du passé est un préalable indispensable pour la maîtrise des problèmes qui assaillent le monde contemporain[282]. A travers nos écrits, en recueillant nos traditions orales, nous allons contribuer considérablement à la construction du droit africain, y compris en droit des affaires. Si on est convaincu de la nécessité d'observer la vie africaine pour magnifier la place de la coutume dans l'enseignement en droit en Afrique, il reste à trouver les techniques d'enquêtes permettant de mobiliser les informations fiables, qui doivent être prises en compte dans la formation du droit en Afrique.

En outre, nous préconisons une réalisation complète du système LMD. Par réalisation complète de l'histoire du droit, nous entendons l'offre de licence, du master et du doctorat en histoire des institutions. En ce qui concerne la faculté de droit de Dakar (devenue faculté des sciences juridiques et politiques), il existe un master et une formation doctorale en histoire du droit. En effet, il n'y a pas de diplôme de licence en histoire du droit. Nous proposons de créer une maquette de licence en histoire du droit et des institutions, en y intégrant, comme dans le cadre du master, des matières fondamentales qui complètent les enseignements en droit positif, et qui favorisent l'insertion professionnelle. Rappelons que la promotion et la protection de la discipline d'Histoire du droit, essentielle pour la formation d'un juriste, – avant d'être technicien – est une affaire de la faculté des sciences juridiques et politiques, donc de tous les enseignants de la faculté.

De toute manière, l'enseignement doit renouer avec sa rigueur depuis l'école primaire jusqu'à la thèse de doctorat,

[282] Selon Montesquieu, « il faut connaître les choses anciennes afin de bien utiliser les nouvelles (…) », in : l'Esprit des lois (Pléiade, t. II), cité par VALADE Bernard, *Introduction aux sciences sociales*, P.U.F., 1996, p. 12. Voir également Jean HILAIRE, *Le droit des affaires et l'histoire*, Paris, 1995.

avec une volonté politique ferme de réunir les moyens matériels et les ressources humaines de qualité, pour espérer une grande contribution en vue du développement, même si celui-ci doit partir de la base, ce qu'il est convenu d'appeler le développement local. En ignorant ces considérations, toute réforme envisagée est vouée à l'échec, et la loi ne pourra pas assurer sa vocation essentielle, celle de la protection.

Evidemment, avec une formation supérieure inadaptée, on assiste de plus en plus à une forte acculturation juridique au Sénégal, comme dans les autres pays africains d'expression française. Malheureusement, on souhaitait un enseignement véritablement populaire, aujourd'hui les universités africaines sont incapables d'atteindre leurs objectifs, le nombre d'étudiants dépassant largement leurs capacités d'accueil, le contenu des enseignements demeurant inadapté au nouveau système d'enseignement, LMD.

Ainsi, il nous semble important dès la 3ème année de licence d'exiger des stages, faisant l'objet d'un rapport, qui initie l'étudiant aux méthodes d'enquêtes en quantité et en qualité. Concernant le master, à l'issue, il convient de favoriser l'intégration des étudiants dans des programmes opérationnels des différentes structures et de les préparer aux examens et concours. En effet, au niveau doctoral, afin de proposer une offre de recherche, d'offrir un cadre d'incubation aux jeunes chercheurs et de développer leur culture scientifique, les équipes de recherche doivent s'organiser en laboratoires ou centres de recherches. Faut-il le rappeler, le travail de recherches est inconcevable en dehors d'un laboratoire ou d'un centre de recherches qui offre la possibilité de progresser, et donc qui motive[283].

---

[283] Contact, *Guide du doctorant*, Copidac, Montpellier, novembre 2010, p. 13.

Aussi, pour agir sur la société, allier la théorie et la pratique demeurent l'idéal, le cumul de la profession d'avocat et celle d'enseignant-chercheur pouvant renforcer les capacités, en associant les magistrats, les aptitudes requises pour former des acteurs du droit du développement.

De ce fait, mérite une attention particulière le succès de la candidature du jeune juriste face aux recruteurs[284].

Par ailleurs, que peut-on dire de la carrière des enseignants du supérieur, de l'agrégation des enseignants-chercheurs, qui reste un titre honorifique[285] ?

Nous vous souhaitons un bon courage !

---

[284] Voir Christine TACCONET, « Candidature mode d'emploi », *Revue Le Droit et ses métiers*, Lamy, 2008, p. 20.

[285] Olivier BEAUD, Professeur à l'université Panthéon-Assas, membre senior de l'Institut universitaire de France, *AJDA*, 2005, qui défend le maintien du concours d'agrégation. Il considère que le concours reste le meilleur système de sélection des professeurs de droit, car elle peuple les facultés d'enseignants polyvalents. Il ajoute qu'en effet, l'agrégation demeure encore aujourd'hui la seule contrainte institutionnelle permettant de fournir une formation généraliste approfondie, qui garantisse la maîtrise de plusieurs disciplines et favorise une certaine conception de la généralité du droit. Contrainte positive, qui débouche sur des enseignants polyvalents, capables d'enseigner plusieurs disciplines et d'avoir la mobilité intellectuelle que l'époque rend nécessaire.

BIBLIOGRAPHIE ET SOURCES D'ARCHIVES[286]

I. BIBLIOGRAPHIE

A.F.N.E.D (collection) *La thèse de doctorat en droit et la recherche juridique*, LGDJ, décembre 1993.

Joël ANDRIANTSIMBAZOVINA, David-Raphaël BENITAH et Thibault GISCLARD, sous la direction de Daniel BERT, *Méthodologie des épreuves d'accès au centre régional de formation professionnelle des avocats* (CRFPA), 4e édition, LexisNexis, 2019.

Amadou Hampâté BA, *Sur les traces d'Amkoullel, l'enfant peul, mémoires*, Actes Sud, Paris 1991, du même auteur, *Oui mon Commandant*, Actes du Sud, 1994 ; *L'étrange destin de Wangrin,* collection 10/18, 1973 ; *Vie et enseignement de Thierno Bokar*, Paris, éditions du Seuil, 1980.

Mamadou BADJI, « Ecriture et enseignement du droit », in : *Ecriture du droit*, CIFDUF, Presses de l'Université Toulouse I Capitole, 2014, p. 109.

Nicolas BALAT et Etienne CASIMIR, rédacteurs en chef, ouvrage collectif composé de 32 articles, *Le changement du droit*, Revue de droit d'Assas, n° 10 février 2015.

Michel BEAUD, *L'art de la thèse*, La découverte, 2006.

---

[286] Nous indiquons, ici, les documents essentiels qui nous ont permis de ficeler ce travail.

Eve BOCCARA, « Une mosaïque de métiers », Revue Le Droit et ses métiers, Lamy, 2008.

Sylvie BREDELOUP, « Terrains revisités en migrations africaines, in : « Afrique et développement, Volume XL, No. I, 2015, p. 2.

Matthieu BUCHBERGER, « Michel Germain : un juriste/philosophe », Revue de droit d'Assas, n° 11, octobre 2015 ; du même auteur, « Les nouvelles méthodes d'enseignement « présentiel », Revue de droit d'Assas, n° 11 octobre 2015, p. 21 ; « Des idées pour l'université » : introduction à la rubrique, in : Revue de droit d'Assas, n° 11 octobre 2015, p. 20.

Geneviève CALBRIS et Louis PORCHER, *Geste et communication*, HATIER-CREDIF, Le Mesnil-sur-l'Estrée, 2003.

Sophie CHICHE et Mark SAMUEL, *Petit éloge de la responsabilité*, Nouveaux horizons, Paris, 2015.

Association CONTACT[287], en partenariat avec la Maison des écoles doctorales de Montpellier, *Guide du doctorant*, Copidac, Montpellier, novembre 2010.

Marcel CULIOLI, « Enseignant – chercheur », Revue Le Droit et ses métiers, Lamy, 2008.

Roger DECOTTIGNIES, « Prière à Thémis pour l'Afrique », Revue sénégalaise de droit, n° 1, août 1967, p. 5.

Isabelle DEFRENOIS-SOULEAU, *Je veux réussir mon droit.* Méthodes de travail et clés du succès., Dalloz, 11e édition, Paris, 2018.

André DUNES, *la documentation juridique*, Dalloz 1997.

287 Une association des doctorants et docteurs de l'Académie de Montpellier, créée en 1993 à l'initiative des doctorants, pour, entre autres, défendre la condition du jeune chercheur, contribuer à la formation des doctorants et améliorer leurs perspectives de débouchés professionnels.

Polydore FABREGUETTES[288], La logique judiciaire et l'art de juger, Librairie générale de droit et de jurisprudence, deuxième édition, Paris, 1926.

Jean-Marc ELA, *La plume et la pioche. Réflexion sur l'enseignement et la société dans le développement de l'Afrique Noire*, Editions CLE YAOUNDE, 1971 ; du même auteur, « la déficience fondamentale de l'enseignement exporté », Le Mois colonial et maritime, supplément n° 9, janvier 1908, Armand Cathy, BIB AOM 21095, pp. 15 et 16.

Papa Demba FALL, *Rapports par pays sur la ratification de la convention des Nations Unies sur les droits des migrants*, Série Unesco : SHS/2003/MC/5.

Raymond GASSIN, « Une méthode de la thèse de doctorat en droit », Revue de recherche juridique, 1996, 4, p.1167.

Jean-Louis GAZZANIGA, *Etudes D'histoire de la profession d'avocat*, Presses de l'Université des sciences sociales de Toulouse, n° 7 – 2004.

Gilles GOUBEAUX et Philippe BIHR, *Les épreuves écrites en droit civil*, L.G.D.J., août 2005.

Marie-Joseph GOUMELIN et Jean-François GUEDON, *la dissertation de culture générale*, Editions d'Organisation, mai 2000.

Jean-Pierre GRIDEL, *A propos de la dissertation et du cas pratique*, Dalloz 1986.

Jean HILAIRE, *Le droit des affaires et l'histoire*, Paris, 1995.

Edith JAILLARDON et Dominique ROUSSILLON, *Outils pour la recherche juridique*, Editions des archives contemporaines et Agence universitaire de la francophonie, édition février 2008.

[288] Un ouvrage que nous avons trouvé aux Archives Nationales du Sénégal (ANS), bi I 8° 767.

Adel JOMNI, *Cours d'introduction à la recherche documentaire* – Licence 1, UFR Droit, Montpellier I, 2005, inédit.

Cheikh Hamidou KANE, *Aventure ambiguë*, Julliard, 1961.

Fabienne LALLEMENT, Pierre MARTINEZ et Valérie SPAETH, *Français, langue d'enseignement vers une didactique comparative, La français dans le monde*, numéro spécial, janvier 2005.

LAPAC, (association), *La parole est à l'accusé, La parole et l'écoute lors des audiences pénales*. Enjeux et contraintes, Lapac, 2016.

Michèle LENOBLE-PINSON, *Dire et écrire le droit en français correct*, Bruyant, 2ème édition, 2019.

Jean-Louis LOUBETDEL BAYLE, *Initiation pratique à la recherche documentaire*, L'Harmattan, 1997.

Daniel MAINGUY, *Le guide de la thèse en droit, écrits et textes*, Université de Montpellier I, école doctorale droit et sciences sociales, http://ddata.over-blog.com/xxxyyy/1/70/46/66/guide-de-la-these-en-droit.pdf ; du même auteur, « La soutenance de thèse », in : Mélanges J. Calais-Auloy, Dalloz, 2003.

Kéba MBAYE, « Les voies et les vertus du droit africain », Revue sénégalaise de droit, 1970, n° 7.

Arnaud MERCIER « Les médias vecteurs de mondialisation et « d'événementialisation », La mondialisation de la communication, CNRS, Paris, 2010, p. 93.

Alain PEYREFITTE, *Les chevaux du lac Ladoga. La justice entre les extrêmes*, Librairie Plon, 1981.

Mireille POIRIER, « La galère des « vacataires » d'enseignement supérieur », Le Droit Ouvrier, novembre 2011, n° 760.

OFUSUS APPLIALS (I. H.), « Réflexions sur les universités africaines », Présence africaine, 1er trimestre 1961, ANS bi II 8° 21.

Alain ROGER, *Bréviaire de la bêtise*, nfr, éditions Gallimard, 2008.

Pierre ROMELAER et Michel KALIKA, *Comment sa réussir sa thèse ? La conduite du projet de doctorat*, DUNOD, Paris, 2007.

Joseph-Brahime SEID, « Evolution des coutumes. Adaptation du Droit coutumier africain aux techniques juridiques occidentales, Revue juridique, Indépendance et coopération et politique, Tome XX-1966, LGDJ Paris, 1966.

Demba SY, *Guide pratique de l'étudiant*, Faculté des sciences juridiques et politiques, 1997, actualisé et ouvrage à paraître, L'HARMATTAN SENEGAL.

Christine TACCONET, « Candidature mode d'emploi », Revue Le Droit et ses métiers, Lamy, 2008.

Souleymane TELIKO, *Méditations sur l'acte de juger. L'ultime audience.* Editions librairie juridique africaine, avril 2020.

Samba THIAM, *Introduction historique au droit en Afrique*, Harmattan et Crédila, septembre 2011, du même auteur « La mise en place de l'enseignement du droit au Sénégal, in : Le Juge et l'Outre-Mer, Tome 7, UMR 5815 – Montpellier, 2014, page 245 ; « L'assistance médicale à l'époque coloniale », Revue Général de droit médicale, n° 70, mars 2019.

André TUNC, « Les facultés de droit et les grands problèmes du monde contemporain », Dalloz, Hebdomadaire, chronique-XXVII, 1958, ANS Bi II 4° 61, pp. 190 et 193.

Papa Assane TOURE, *La légistique technique de conception et de rédaction des lois et des actes administratifs : une tradition de gouvernance normative*, Harmattan, Sénégal, décembre 2018.

Bernard VALADE, *Introduction aux sciences sociales*, P.U.F., 1996.

Jacques VANDERLINDEN, « La participation des facultés et institutions de recherches européennes au développement juridique africain », Journal of Africain law, 1971, vol. 15, n° 1.

Jacques VASSEVIERE, *Bien écrire pour réussir ses études*, Armand Colin, Parsi, 2013.

VERCORS, Jean Bruller, *Le silence de la Mer*, Editions Albin Michel, 1951.

II. SOURCES D'ARCHIVES

Archives nationales du Sénégal (ANS)

ANS série O163 (31) : Note sur l'enseignement clinique.

ANS série 014 (31) : Lettre du Ministre des colonies en date du 17 mars 1937.

ANS, bi III 8° 1540 : enseignement et société.

ANS bi II 8°6 : études africaines.

ANS bi II 8° 21 : Réflexions sur les universités africaines, Présence africaine.

ANS bi I 8° 767 : La logique judiciaire et l'art de juger.

ANS PO II 4° 104 : Travaux méthodiques de synthèse portant sur la comparaison des droits.

Archives d'Outre – mer (AOM)

BIB AOM 21095 : Le Mois colonial et maritime, supplément n° 9, janvier 1908.

TABLE DES MATIÈRES

Postface

De la problématisation à la reconstruction, un point entre l'épistémologie de l'opacité et celle de la transparence

Au sens de Jean-Claude SALOMON, Patricia BLANCHIN et Bernard ASSELAIN, la recherche peut être définie par son contenu, son objet, ses techniques et ses disciplines mobilisées. Celles-ci permettent à la fois la problématisation et la déconstruction du champ de l'objet. En l'espèce, il s'agit ici de la recherche juridique ou anthropo-juridique dans des contextes de complexités et de diversités normatives. Le pluralisme juridique et normatif étant une donnée incontournable notamment dans les sociétés africaines anciennement colonisées où le raisonnement cartésien est insuffisant pour rendre compte des humanités et complexités paradigmatiques qui caractérisent le continent africain.

Entre inquiétudes et incertitudes, entre angoisses et désinvoltures des étudiants, le Professeur Samba THIAM nous livre ici, dans un style accessible et au contenu d'une profondeur des abysses, le processus de la recherche et l'expertise scientifiques pour analyser les données et les informations disponibles. Le cheminement de l'ouvrage embrasse le parcours universitaire et professionnel de l'auteur : de l'étudiant, au chercheur devenu avocat et Professeur en droit, agrégé des universités somme toute qui, chemin faisant, assure la direction de l'institut des

Droits de l'Homme et de la Paix (UCAD) en remplacement du Professeur Amsatou SOW-SIDIBE. Un tel parcours mérite d'être partagé avec les étudiants de quelque niveau que ce soit. Il le fait en esquissant une méthodologie de la recherche pour restituer aux Etudiants ce que l'université lui avait donné.

Puisqu'il n'y a de science que cachée, il n'y a pas de recherche sans problématique ou ce nœud de questions cohérentes entre elles ou cette postulation mobilisable et relevant du libre choix du chercheur.

Entre le chercheur et le lecteur, c'est la démonstration et la transparence qui facilitent la compréhension du propos et permettent d'établir une certaine confiance. Dans l'ouvrage qui vous accompagne, le Professeur Samba THIAM nous livre les clés d'une démarche qui se veut rigoureuse, processuelle et prudentielle. Un cheminement qui part de l'importance du cours magistral (qui demande concentration et calme pour soi et les autres étudiants) qui s'articule aux travaux dirigés pour mobiliser les données et les informations disponibles dans les lieux de documentation que sont notamment les bibliothèques et les centres de recherche. Mais de quelle recherche s'agit-il ?

Il s'agit de la recherche fondamentale et de la recherche appliquée qu'il n'y a plus lieu d'opposer comme par le passé car elles sont complémentaires. Si l'objectif de la recherche fondamentale est d'acquérir de nouvelles connaissances permettant de se démarquer des facilités langagières, du sens commun et des *« fake-news » (infox),* mal de notre temps, sans qu'il y ait application, elle agit aussi sur les fondements du raisonnement ; elle déconstruit les stéréotypes et les « vérités toutes faites », les conclusions hâtives et les généralités sans lendemain. La recherche appliquée vise, quant à elle, une finalité d'application. C'est souvent le cas des instituts agronomiques ou de recherche médicale par exemple. « C'est une approche ouverte à la singularité des terrains ». Ce qui en fait une recherche finalisée et renvoie à la prospective au sens de Robert CHABBAL. Il s'en déduit qu'il n'y a plus lieu d'opérer une dichotomie entre recherche fondamentale et recherche appliquée (recherche-action) mais d'opérer une articulation fine permettant selon le type de recherche choisi, en conformité avec les exigences pédagogiques, de dévoiler d'autres pistes relatives au modèle complémentaire sous-jacent. Ce qui rend plus intelligible et plus accessible le travail de recherche et permet la réplicabilité : rendre la recherche fondamentale applicable dans son volet finalisé et remettre à la recherche appliquée son lien filial avec la recherche fondamentale qu'il convient de dévoiler. Autrement dit, les types de recherches sont complémentaires où chacun est un maillon manquant de l'autre. Le chercheur a le devoir de dévoiler au lecteur au moins les deux volets.

Pourfendeur d'idées reçues, le Professeur Samba THIAM nous révèle que l'enjeu de toute recherche est de répondre à l'objectif qu'elle se fixe dans un souci constant d'objectivité de son auteur (étudiant, doctorant, avocat, etc.). En déclinant cette vision, il « déconfine » la recherche des milieux universitaires, un de ses lieux de séquestrations.

Notons tout de même qu'il n'y a pas de recherche sans déconstruction et donc sans ce surcroît de connaissance comme aimait le répéter le Professeur Etienne LE ROY. Ainsi, pour cheminer de l'épistémologie de l'opacité vers l'épistémologie de la transparence, il faut être organisé et rédiger un protocole de recherche qui s'articule autour du domaine de recherche (qui renvoie à la filiation disciplinaire) socle de la formulation du sujet d'où résulte la problématique à partir de laquelle, on esquisse celle-ci (dans un premier temps on projette une image sur l'objet à travers des questions dont la fameuse question principale à laquelle le chercheur doit répondre en conclusion) qui s'affinera au fil du temps de la découverte du réel. D'où un incessant aller-retour entre les données collectées et l'affinement de la problématique (à travers sa nécessaire reformulation) et ceci même durant le travail de rédaction qui est préalablement adossé au plan de travail c'est-à-dire les différentes étapes de la recherche. Le plan de travail est par essence analytique tandis que le plan de rédaction est synthétique au sens où ce dernier résulte de la systématisation des données qui permettront d'élaborer les différentes parties qui sont des idées-directrices du mémoire ou de la thèse. Chaque niveau de systématisation se déploiera à travers les idées-directrices et les idées-arguments consignées dans des fiches codées. C'est à cela que tente de répondre l'ouvrage d'initiation à la recherche du Professeur Samba THIAM qui va vous accompagner pour préparer sans prétention de le prédire le futur du chercheur dans la diversité de ses profils auxquels l'auteur a bien tenu compte dans ses conseils et orientations relayant son écoute attentive car l'avenir de l'étudiant, du doctorant tout comme celui de l'élève-avocat, le préoccupe. Puisque l'expérience n'est pas que « la somme des erreurs », l'anticipation est une de ses vertus car la recherche est aussi un bouleversement, une transformation profonde qui nécessite pour tout chercheur junior ou sénior une rupture épistémologique qui bouscule des repères et abat les cloisons pour notamment s'insérer dans la vie professionnelle. Il arrive que le travail de recherche agisse sur le relationnel au point de rendre irritables dans leur envol certains chercheurs. C'est peu de dire que l'investissement intellectuel à y consentir est souvent immense. Sans prétention aucune, l'objectif du Professeur Samba THIAM est de rendre simple la démarche du chercheur sans pour autant la simplifier même si elle s'inscrit dans un paradigme de la complexité où la prédiction n'a pas sa place. C'est pour cela que dans une réflexion simple mais ample et condensée pour densifier, votre serviteur s'est investi pour anticiper les besoins en tentant de se mettre à la place de chaque chercheur et ceci dans la diversité des profils, vecteurs de la richesse universitaire au sens large, pour accompagner les évolutions individuelle et collective de la communauté scientifique, « dans un monde qui vacille entre hier et demain » où le paradigme de la complexité déconstruit et démythifie le culte de l'infaillibilité.

Ibra Ciré NDIAYE
Responsable du service Tranquillité publique et accès aux Droits
Mairie de Villetaneuse
Chercheur à Université Paris I Panthéon-Sorbonne
Professeur associé à l'Institut des Droits de l'Homme et de la Paix (UCAD)

Structures éditoriales du groupe L'Harmattan

L'Harmattan Italie
Via degli Artisti, 15
10124 Torino
harmattan.italia@gmail.com

L'Harmattan Hongrie
Kossuth l. u. 14-16.
1053 Budapest
harmattan@harmattan.hu

L'Harmattan Sénégal
10 VDN en face Mermoz
BP 45034 Dakar-Fann
senharmattan@gmail.com

L'Harmattan Cameroun
TSINGA/FECAFOOT
BP 11486 Yaoundé
inkoukam@gmail.com

L'Harmattan Burkina Faso
Achille Somé – tengnule@hotmail.fr

L'Harmattan Guinée
Almamya, rue KA 028 OKB Agency
BP 3470 Conakry
harmattanguinee@yahoo.fr

L'Harmattan RDC
185, avenue Nyangwe
Commune de Lingwala – Kinshasa
matangilamusadila@yahoo.fr

L'Harmattan Congo
67, boulevard Denis-Sassou-N'Guesso
BP 2874 Brazzaville
harmattan.congo@yahoo.fr

L'Harmattan Mali
ACI 2000 - Immeuble Mgr Jean Marie Cisse
Bureau 10
BP 145 Bamako-Mali
mali@harmattan.fr

L'Harmattan Togo
Djidjole – Lomé
Maison Amela
face EPP BATOME
ddamela@aol.com

L'Harmattan Côte d'Ivoire
Résidence Karl – Cité des Arts
Abidjan-Cocody
03 BP 1588 Abidjan
espace_harmattan.ci@hotmail.fr

Nos librairies en France

Librairie internationale
16, rue des Écoles
75005 Paris
librairie.internationale@harmattan.fr
01 40 46 79 11
www.librairieharmattan.com

Librairie des savoirs
21, rue des Écoles
75005 Paris
librairie.sh@harmattan.fr
01 46 34 13 71
www.librairieharmattansh.com

Librairie Le Lucernaire
53, rue Notre-Dame-des-Champs
75006 Paris
librairie@lucernaire.fr
01 42 22 67 13

www.ingramcontent.com/pod-product-compliance
Lightning Source LLC
LaVergne TN
LVHW021213061026
849535LV00008B/2721